聽吳晗講古

英雄豪傑、升斗小民
共對的大時代與小日子

吳晗　著

中華書局

目　錄

政治生活

治人與法治

　　歷史上的政治家經常提到的一句話是："有治人，無治法。"意思是徒法不足以為治，有能運用治法的治人，其法然後足以為治。法的本身是機械的，是不能發生作用的，譬如一片沃土，遼廓廣漠，雖然土壤是十分宜於種植，氣候也合宜，假如不加以人力，這片地還是不能發生生產作用。假如利用這片土地的人不是一個道地有經驗的農人，一個種植專家，而是一個博徒，遊手好閒的紈綺子弟，一曝十寒，這片地也是不會有好收成的。反之，這塊好地如能屬於一個勤懇精明的老農，有人力，有計劃，應天時，順地利，耕耨以時，水旱有備，豐收自然不成問題。這句話不能說沒有道理，就歷史的例證看，有治人之世是太平盛世，無治人之世是衰世亂世。因之，有些人就以之為口實，主張法治不如人治。

　　反之，也有人主張："有治法，無治人。"法是鑒往失，順人情，集古聖先賢遺教，全國聰明才智之士的精力，窮研極討所制成的。法度舉，紀綱立，有賢德的領袖固然可以用法而求治，相得益彰，即使中才之主，也還可以守法而無過舉。法有永久性，假定是環境不變的時候，法也有伸縮性，假定環境改變了，前王後王不相因，變法以合時宜所以成後王之治，法之真精神真作用即在其能變。所謂變是因時以變，而不是因人以變，至於治人則間世不多得，有治人固然能使世治，但是治人未必能有治人相繼，堯舜都是治人，其子丹朱、商均卻都不肖，晉武帝、宋文帝都是中等的君主，晉惠帝卻是個白癡，元兇劭則禽獸之不若。假使純以人治，無大法可守，寄國家民族的命運於不肖子白癡低能兒梟獍之手，其危險不問可知，以此，這派人主張法治，以法綱紀國家，全國人都應該守法。君主也不能例外。

就人治論者和法治論者所持論點而論，兩者都有其顛撲不破的理由，也都有其論據上的弱點。問題是人治論者的治人從何產生？在世業的社會組織下，農之子恆為農，父兄之教誨，鄰里之啟發，日茲月茲，習與性成，自然而然會成為一個好農人，繼承父兄遺業，縱然不能光大、至少可以保持勿失。治人卻不同了，子弟長於深宮，習於左右，養尊處厚，不菽麥，不知人生疾苦，和現實社會完全隔絕，中才以上的還肯就學，修身砥礪，有一點教養，卻無緣實習政事，一旦登極執政，不知典故，不識是非，任喜怒愛憎，用左右近習，上世的治業由之而衰，幸而再傳數傳，一代不如一代，終致家破國滅，遺譏史冊。中才以下的更不用說了，溺於邪侈，移於嬖幸，驕悍性成，暴恣自喜，肇成禍亂，身死國危，史例之多，不可勝舉。治人不世出，治人之子不必賢，而治人之子卻依法非治國不可，這是君主世襲制度所造成的人治論者的致命打擊。法治論者的缺點和人治論者一樣，以法為治固然是天經地義，問題是如何使君主守法，過去的儒家、法家都曾費盡心力，用天變來警告，用人言來約束，用諫官來諫諍，用祖宗成憲來勸導。可是這些方法只能誘引中才以上的君主，使之守法，對那些庸愚剛愎的下才，就無能為力了，法無廢君之條，歷史上偶爾有一兩個例子，如伊尹放太甲，霍光廢昌邑，都是不世出的驚人舉動，為後來人所不敢效法。君主必須世襲，而世襲的君主不必能守法，雖有法而不能守，有法等於無法，法治論者到此也技窮而無所措手足了。

　　這兩派持論的弱點到這世紀算是解決了，解決的樞紐是君主世襲制度的廢除。就人治論者說，只要有這片地，就可以找出一個最合於開發這片地的條件的治人，方法是選舉。選出的人幹了幾年無成績或成績不好，換了再選一個。治人之後必選治人相繼，選舉治人的全權操在這片地的全數主人手上。法治論者的困難也解決了，由全數主人建立一個治國大法，然後再選出能守法的治人，使之依法管理，這被選人如不守法，可由全數主人的公意撤換，另選一個能守法的繼任，以人治，亦以法治，治人受治於法，治法運用於治人，由治法而有治人，由治人而勵行法治，人治論者和法治論者到此合流了，歷史上的爭辯告一解決了。

　　就歷史而論，具有現代意義的治法的成文法，加於全國國民的有各朝的法典，法意因時代而不同，其尤著者有唐律和明律。加於治國者雖無明文規定，卻有習俗相沿的兩句話："國以民為本，民以食為天。"現代的憲法是被治者加於治國者的約束，這兩句話也正是過去國民加於治國者的約束。用這兩句話來作尺度，衡量歷史上的治國者，凡是遵守約束的一定是治人，是治世，反之是亂人，是亂世。

這兩句話是治法，能守治法的是治人。治人以這治法為原則，一切施政，以民為本，裕民以足食為本，治民以安民為本，事業以國民的利害定取捨從違，因民之欲而欲之，因民之惡而惡之，這政府自然為人民所擁戴愛護，國運也自然熾盛隆昌。

歷史上的治人試舉四人作例子說明，第一個是漢文帝，第二是魏太武帝，第三是唐太宗，第四是宋太祖。

漢文帝之所以為治人，是在他能守法和愛民。薄昭是薄太后弟，文帝親舅，封侯為將軍，犯法當死，文帝絕不以至親曲宥，流涕賜死，雖然在理論上他是有特赦權的。鄧通是文帝的弄臣，極為寵倖，丞相申屠嘉以通小臣戲殿上大不敬，召通詰責，通叩頭流血不解，文帝至遣使謝丞相，並不因幸臣被屈辱而有所偏護。至於對人民的愛護，更是無微不至，勸農桑，敦孝弟，恭儉節用，與民休息，達到了海內殷富、刑罰不用的境界。

魏太武帝信任古弼，古弼為人忠慎質直，有一次為了國事見太武帝面奏，太武帝正和一貴官圍棋，沒有理會，古弼等得不耐煩，大怒起捽貴官頭，掣下床，搏其耳，毆其背，數說朝廷不治，都是你的罪過，太武帝失容趕緊說，都是我的過錯，和他無干。忙談正事，古弼請求把太寬的苑囿，分大半給貧民耕種，也滿口答應。幾月後太武帝出去打獵，古弼留守，奉命把肥馬做獵騎，古弼給的全是瘦馬，太武帝大怒說：筆頭奴（古弼頭尖，太武帝形容為筆頭）敢克扣我，回去先殺他。古弼卻對官屬說，打獵不是正經事，我不能諫止，罪小。軍國有危險，沒有準備，罪大。敵人近在塞外，南朝的實力也很強，好馬應該供軍，弱馬供獵，這是為國家打算，死了也值得。太武帝聽了，歎息說：「有臣如此，國之寶也。」過了幾日，又去打獵，得了幾千頭麋鹿，興高采烈，派人叫古弼徵發五百乘民車來運，使人走後，太武帝想了想，吩咐左右曰，算了吧，筆公一定不肯，還是自己用馬運吧。回到半路，古弼的信也來了，說正在收穫，農忙，遲一天收，野獸鳥雀風雨侵耗，損失很大。太武帝說，果不出我所料，筆公真是社稷之臣。他不但為民守法，也為國執法，以為法是應該上下共守，不可變易，明於刑賞，賞不遺賤，刑不避親。大臣犯法，無所寬假，節儉清素，不私親戚，替國家奠定下富強的基礎。

唐太宗以武勇定天下，治國卻用文治。內舉不避親，外舉不避仇，長孫無忌是后兄，王珪、魏徵都是仇敵，卻全是人才，一例登用，無所偏徇顧忌，憂國愛民，至公守法。《唐史》記：「上以選人多詐冒資蔭，敕令自首，不首者死。未幾有詐冒事覺者，上卻殺之，大理少卿戴胄奏據法應流，上怒曰，卿欲守法而使朕失信？對曰，敕者出於一時喜怒，法者國家所以佈大信於天下也。陛下忿選人之多詐，故欲殺之，而即知其不可，復斷之以法，此乃忍小忿而全大信也。上曰，卿能執法，朕復何憂。」又：「安州都督吳王恪數出畋獵，頗損居人，侍御史柳範奏彈之，恪坐免官，削戶三百。上曰，長史權萬紀事吾兒，不能匡正，罪當死，柳範曰，房玄齡事陛下，猶不能止畋獵，豈得獨罪萬紀。上大怒，拂衣而入。久之，獨引範謂曰：何面折我！對曰，陛下仁明，臣敢不盡愚直。上悅。"前一事他能捐一時之喜怒，聽法官執法。後一事愛子犯法，也依法削戶免官，且能容忍侍臣的當面折辱。法平國治，貞觀之盛的基礎就建築在守法這一點上。

宋太祖出身於軍伍，也崇尚法治，《宋史》記："有群臣當遷官，太祖素惡其人不與，宰相趙普堅以為請，太祖怒曰，朕固不為遷官，卿若如何？普曰：刑以懲惡，賞以酬功，古今通道也。且刑賞天下之刑賞，非陛下之刑賞，豈得以喜怒專之！太祖怒甚起，普亦隨之，太祖入宮，普立於宮門口，久之不去，太祖卒從之。"皇后弟殺人犯法，依法處刑，絕不寬貸，群臣犯贓，誅殺無赦。

從上引四個偉大的治人的例子，說明了治人之所以使國治，是遵繩於以民為本的治法，治法之所以為治，是在治人之尊重與力行。治人無常而治法有常。治人或不能守法，即有治法的代表者執法以使其就範，貴為帝王，親為帝子，元舅后弟，寵倖近習，在尊嚴的治法之下，都必須奉法守法，行法從上始，風行草偃，在下的國民自然兢兢業業，政簡刑清，移風易俗，臻於至治了。

就歷史的教訓以論今日，我們不但要有治法，尤其要有治人。治人在歷史上固不世出，在民主政治的選擇下，卻可以世出繼出。治人之養成，選出罷免諸權之如何運用，是求治的先決條件。使有治法而無治人，等於無法，有治人而無治法，無適應時宜的治法，也是緣木求魚，國終不治。

治人與治法的合一，一言以蔽之，曰實行民主政治。

本文收入 1946 年 5 月生活書店（北平）出版的作品集《歷史的鏡子》。《歷史的鏡子》是吳晗自己編輯的第一本雜文集。

特權階級與禮

　　為了維持統治權的尊嚴，歷代以來，都曾費心思規定了一大套生活服用的限制，某些人可以如何，某些人不可以如何如何。可以不可以，全憑人的身份來決定。這些決定，美其名曰禮，正史裏每一套都有極其羅嗦、乏味的禮志，或者輿服志、儀衛志之類，看了叫人頭痛。其實說穿了，正有大道理在。原來上帝造人，極其平等，雖然有高低肥瘦白黑美醜之不同，原則上，作為具備"人"的條件卻是相同的，不管你是地主或農奴，皇帝或小兵，都有鼻子眼睛，都有牙齒耳朵，也都有兩條腿，以及其他的一切。脫了衣服，大家都光着身子，一切的階級區別便會蕩然無存，沒有穿衣服的光身皇帝，在大街上撿一塊破蒲包，遮着身子，立刻變成叫化子。因之，一些特殊的人物為了矯正這天然的平等，便不能不用人為的方式來造成不平等，用衣服冠履，用宮室儀衛，來造成一種尊嚴顯赫以至神秘的景象，使另外一些人感覺不同，感覺異樣，以至感覺羨慕，景仰。以為統治者果然是另一種人，不敢生非分之想，一輩子，而且子子孫孫作奴才下去，如此，天下便太平了。

　　平心而論，做一個皇帝，戴十二旒的冕，累累贅贅地拖着許多珠寶，壓得頭昏腦脹，穿的又是五顏六色，多少種名目。上朝時規規矩矩坐在大殿正中死硬正方或長方的蟠龍椅上，實在不舒服。不能隨便出門，見人也得板着臉孔，不能隨便說笑。作為一個自由人的可愛可享樂處，他都被剝奪了。然而，他還是要要這一套，為的是，他除開這一套，脫了衣服，他只是一個普普通通上帝所造的人。

禮乎禮乎，衣服云乎哉；禮乎禮乎，宮室云乎哉！

明白了這一點，也就可以明白如今不管什麼機關，即使是什麼部的、什麼局的第幾軍需處的第幾服裝廠的第幾針織部，門口都有一個荷槍的衛兵在守衛着的緣故了。

明白了這一點，也就可以明白古代許多陵，埋死人的墳，為什麼化這麼多錢的理由，也可以明白在北平在上海，闊人們的大出喪，以至公務人員每七天都要做的那一套，以至看電影前那一些不諧和的情調的由來了。

本文為《史話》之六，收入 1946 年 5 月生活書店（北平）出版的《歷史的鏡子》。

刑與禮

刑不上大夫，禮不下庶人。

大夫與庶人是兩個階級，一個是勞心者，是君子，也就是貴族。一個是勞力者，是小人，是野人，也就是老百姓，有義務而無權利的老百姓。天生着貴族是為治理小民的，該老百姓養他，天生着老百姓是做粗活的，種田鋤地，飼蠶餵豬，養活貴族。

刑是法律，法律只是為着管制老百姓而設，至於貴族，那是自己人，自己人怎麼可以用法律對待？"本是同根生"，共存共榮，自己人只能談禮，除非是謀叛，那又作為別論。

貴族也會做錯事，萬不能照對付老百姓的辦法，於是乎有八議，議什麼呢？第一是議親，第二是議故，第三是議賢，第四是議能，第五是議功，第六是議貴，第七是議賓，第八是議勤。一句話，和統治者有親，有故，有功，都不受普通法律的制裁，親故功都說不上，還有貴，官做大了就不會犯罪，再不，還有賢啊，能啊，勤啊，總可以說上一個，反正賢能無角無形，只要說是，誰又能反駁呢？於是乎貴人不死了。

繼承堯舜禹湯文武周公孔子以及什麼什麼以來的道統，允執厥中的我中華民國，忝列為世界五強之一，憑的是，就是這個"道"。

而且，過去的議賓，只是很少數的例外，前朝的統治者家族早已殺光，無寶可議（只有宋朝，優待柴世宗子孫，《水滸傳》上的小旋風柴進家藏免死鐵券，是個例外，還有民國初年的溥儀），而現在呢，把它解釋為外國使節的駐外法權，不更是為有經有據嗎？

就刑不上大夫這一古代的歷史事實，來了解當前的許多問題，也許不是白費精力的吧！

本文為《史話》之七，收入 1946 年 5 月生活書店（北平）出版的《歷史的鏡子》。

歷史上的君權的限制

近四十年來，坊間流行的教科書和其他書籍，普遍的有一種誤解，以為在民國成立以前，幾千年來的政體全是君主專制的，甚至全是苛暴的，獨裁的，黑暗的，這話顯然有錯誤。在革命前後持這論調以攻擊君主政體，固然是一個合宜的策略，但在現在，君主政體早已成為歷史陳跡的現在，我們不應厚誣古人，應該平心靜氣地還原其本來的面目。

過去兩千年的政體，以君主（皇帝）為領袖，用現代話說是君主政體，固然不錯，說全是君主專制卻不盡然。至少除開最後明清兩代的六百年，以前的君主在常態上並不全是專制。苛暴的，獨裁的，黑暗的時代，歷史上雖不盡無，但都可說是變態的，非正常的現象。就政體來說，除開少數非常態的君主個人的行為，大體上說，一千四百年的君主政體，君權是有限制的，能受限制的君主被人民所愛戴。反之，他必然會被傾覆，破家亡國，人民也陪着遭殃。

就個人所了解的歷史上的政體，至少有五點可以說明過去的君權的限制，第一是議的制度，第二是封駁制度，第三是守法的傳統，第四是臺諫制度，第五是敬天法祖的信仰。

國有大業，取決於群議，是幾千年來一貫的制度。春秋時子產為鄭國執政，辦了好多事，老百姓不了解，大家在鄉校裏紛紛議論，有人勸子產毀鄉校，子產說，不必，讓他們在那裏議論吧，他們的批評可以作我施政的參考。秦漢以來，議成為政府解決大事的主要方法，在國有大事的時候，君主並不先有成見，卻把這事交給廷議，廷議的人員包括政府的高級當局如丞相、御史大夫及公卿、列侯、二千石以至下級官如議郎、博士以及賢良、文學。誰都可以發表意見，這意見即使是恰好和政府當局相反，可以反覆辯論不厭其詳，即使所說的話是攻擊政府當局。辯論終了時理由最充分的得了全體或大多數的贊成（甚至包括反對者），成為決議，政府照例採用作為施政的方針。例如漢武帝以來的鹽鐵榷酤政策，政府當局如御史大夫桑弘羊及丞相等官都主張繼續專賣，民間都紛紛反對，昭帝時令郡國舉賢良文學之士，問以民所疾苦，教化之要。皆對曰，願罷鹽鐵榷酤均輸官，無與天下爭利。於是政府當局以桑弘羊為主和賢良文學互相詰難，詞辯雲湧，當局幾為賢良文學所屈，於是詔罷郡國榷酤關內鐵官。宣帝時桓寬推衍其議為《鹽鐵論》十六篇。又如漢元帝時珠崖郡數反，元帝和當局已議定，發大軍征討，待詔賈捐之上疏獨以為當罷郡，不必發軍。奏上後，帝以問丞相、御史大夫，丞相以為當罷，御史大夫以為當擊，帝卒用捐之議，罷珠崖郡。又如宋代每有大事，必令兩制侍從諸臣集議，明代之內閣六部都察院通政司六科諸臣集議，清代之王大臣會議，雖然與議的人選和資格的限制，各朝不盡相同，但君主不以私見或成見獨斷國家大政，卻是歷朝一貫相承的。

封駁制度概括地說，可以分作兩部分。漢武帝以前，丞相專決國事，權力極大，在丞相職權以內所應作的事，雖君主也不能任意干涉。武帝以後，丞相名存職廢，光武帝委政尚書，政歸臺閣，魏以中書典機密，六朝則侍中掌禁令，逐漸衍變為隋唐的三省——中書、門下、尚書——制度。三省的職權是中書取旨，門下封駁，尚書施行。中書省有中書舍人掌起草命令，中書省在得到君主同意或命令後，就讓舍人起草，臺人在接到同頭（命令大意）以後，認為不合法的便可以繳還詞頭，不給起草。在這局面下，君主就得改換主意。如堅持不改，也還可以第二次第三次發下，但舍人仍可第二次第三次退回，除非君主罷免他的職務，否則，還是拒絕起草。著例如宋仁宗時，富弼為中書舍人封還劉從願妻封遂國夫人詞頭。門下省有給事中專掌封駁，凡百司奏鈔，侍中審定，則先讀而署之，以駁正違失，凡制敕宣行，大事覆奏而請施行，小事則署而頒之，其有不使者，塗竄而奏還，謂之塗歸。著例是唐李藩遷給事中，制有不便，就制尾批卻之，吏驚請聯他紙，藩曰，聯紙是牒，豈得云批敕耶。這制度規定君主所發命令，得經過兩次審查。第一次是中書省專主起草的中書舍人，他認為不合的可以拒絕起草。舍人把命令草成後，必須經過門下省的審讀，審讀通過，由給事中簽名副署，才行下到尚書省施行。如被封駁，則此事便當作為罷論。這是第二次也是最後一次的審查。如兩省官都能稱職，堅定地執行他們的職權，便可防止君主的過失和政治上的不合法行為。從唐到明這制度始終為政府及君主所尊重，在這個時期內君權不但有限制，而且其限制的形式，也似乎不能為現代法西斯國家所接受。

　　法有兩種，一種是成文法，即歷朝所制定的法典，一種是不成文法，即習慣法，普通政治上的相沿傳統屬之。兩者都可以綱紀政事，維持國本，凡是賢明的君主必得遵守。不能以喜怒愛憎，個人的感情來破法壞法。即使有特殊情形，也必須先經法的制裁，然後利用君主的特赦權或特權來補救。著例如漢文帝的幸臣鄧通，在帝旁有怠慢之禮，丞相申屠嘉因言朝廷之禮不可以不肅，罷朝坐府中檄召通到丞相府，不來且斬。通求救於帝，帝令詣嘉，免冠頓首徒跣謝。嘉謂小臣戲殿上，大不敬當斬，史今行斬之，通頓首，首盡出血不解。文帝預料丞相已把他困辱夠了，才遣使向丞相說情，說這是我的弄臣，請你特赦他。鄧通回去見皇帝，哭着說丞相幾殺臣。又如宋太祖時有群臣當遷官，太祖素惡其人不與，宰相趙普堅以為請，太祖怒曰，朕固不為遷官，卿若之何！普曰，刑以懲惡，賞以酬功，古今通道也，且刑賞天下之刑賞，非陛下之刑賞，豈得以喜怒專之。太祖怒甚起，普亦隨之，太祖入宮，普立於宮門口，久久不去，太祖卒從之。又如明太祖時定制，凡私茶出境，與關隘不譏者並論死，駙馬都尉歐陽倫（倫妻安慶公主為馬皇后所生）以販私茶依法賜死。類此的傳統的守法精神，因歷代君主的個性和教養不同，或由於自覺，或由於被動，都認為守法是作君主的應有的德性，君主如不守法則政治即失常軌，臣下無所準繩。亡國之禍，蹺足可待。

　　為了使君主不做錯事，能夠守法，歷朝又有臺諫制度。一是御史臺，主要的職務是糾察官邪，肅正綱紀，但在有的時代，御史亦得言事。諫是諫官，有諫議大夫左右拾遺，補闕及司諫正言等官，分屬中書門下兩省（元廢門下，諫職併入中書，明廢中書，以諫職歸給事中兼領）。臺諫以直陳主失，盡言直諫為職業，批龍鱗，捋虎鬚，如沉默不言，便為失職。史記唐太宗愛子吳王恪好畋獵損居人田苗，侍御史柳範奏彈之。太宗因謂侍臣曰，權萬紀事我兒，不能匡正，其罪合死。範進曰，房玄齡事陛下，猶不能諫正畋獵，豈可獨坐萬紀乎？又如魏徵事太宗，直言無所避。若諫取已受聘女，諫作層觀望昭陵，諫怠於受諫，諫作飛仙宮，太宗無不曲意聽從，肇成貞觀之治。宋代言官氣焰最盛，大至國家政事，小至君主私事無不過問。包拯論事仁宗前，說得高興，唾沫四飛，仁宗回宮告訴妃嬪說，被包拯唾了一面。言官以進言糾箴為盡職，人君以受言改過為美德。這制度對於君主政體的貢獻可說很大。

　　兩漢以來，政治上又形成了敬天法祖的信條，敬天是適應自然界的規律，在天人合一的政治哲學觀點上，敬天的所以育人治國。法祖是法祖宗成憲，大抵開國君主的施為，因時制宜，着重在安全秩序保持和平生活。後世君主，如不能有新的發展，便應該保守祖宗成業，不使失墜；這一信條，在積極方面說，固然是近千年來我民族頹弱落後的主因，但在消極方面說，過去的臺諫官卻利用以勸告非常態的君主，使其安分，使其不作意外的過舉。因為在理論上君主是最高的主宰，只能抬出祖宗，抬出比人君更高的天來教訓他，才能措議，說得動聽。[1] 此類的例子不可勝舉，例如某地鬧水災或旱災，言官便說據五行水是什麼，火是什麼，其災之所以成是因為女謁太盛，或土木太侈，或奸臣害政，君主應該積極採取相對的辦法斥去女謁，罷營土木，驅誅奸臣，發賑救民。消極的應該避殿減膳停樂素服，下詔引咎求直言以應天變。好在大大小小的災異，每年各地總有一些，言官總不愁無材料利用，來批評君主和政府，再不然便引用祖宗成憲或教訓，某事非祖宗時所曾行，某事則曾行於祖宗時，要求君主之改正或奉行。君主的意志在這信條下，多多少少為天與祖宗所束縛，不敢作逆天或破壞祖宗成憲的事。兩千年來只有一個王安石，他敢說"天變不足畏，祖宗不足法，人言不足恤"，除他以外，誰都不敢說這話。

就上文所說，國有大事，君主無適無莫，虛心取決於群議。其命令有中書舍人審核於前，有給事中封駁於後，如不經門下副署，便不能行下尚書省。其所施為必須合於法度，如有違失，又有臺諫官以近臣之地位，從中救正，或諫止於事前，或追論於事後，人為之機構以外，又有敬天法祖之觀念，天與祖宗同時為君權之約束器。在這樣的君主政體下，說是專制固然不盡然，說是獨裁，尤其不對，說是黑暗或苛暴，以政治史上偶然的畸形狀態，加上於全部歷史，尤其不應該。就個人所了解，六百年以前的君權是有限制的，至少在君主不肯受限制的時候，還有忠於這個君主的人敢提出指責，提出批評。近六百年來，時代愈進步，限制君權的辦法逐漸被取消，馴至以桀紂之行，文以禹湯文武之言，誥訓典謨，連篇累牘，"朕即國家"和西史暴君同符。歷史的覆轍，是值得讀史的人深切注意的。

本文為《史話》之七，收入 1946 年 5 月生活書店（北平）出版的《歷史的鏡子》。

註　釋

1　此處義意費解。原文如此，姑依其。編者註。

歷史上的政治的向心力和離心力

歷史上有若干時代，軍權政權法權財權一切大權，始終握於中央政府之手，各級地方政府唯唯聽命，中央之於地方，猶軀幹之於手足，令出必行。地方之於中央，猶眾星之拱北辰。環侍唯謹。例如宋代和明代。

也有若干時代，中葉以後，大權旁落，地方政府自成單位，其強大者更是操縱中樞，形成尾大不掉之勢。中樞政令只及於直屬的部分，枝強幹弱，失去均衡。例如漢末六朝和唐的後期、清的後期。

前者用科學的術語說，我們叫它作政治上的向心力時代，用政治上的術語說，可叫作中央集權時代。後者則是政治上的離心力時代，也可叫作地方分權時代。為避免和現代的政治術語混淆起見，我們還是用向心力和離心力這兩個名詞較為妥當。

要詳細說明上舉幾個不同時代的各方面情形，簡直是一部中國政治史，頗有不知從何處說起之苦，並且篇幅也不容許。我們不妨用簡筆畫的辦法，舉幾個有趣的例子來說明。辦法是看那個時代人願意在中央做事，還是在地方做事，前者舉宋朝作例，後者舉唐朝作例。

宋承五代藩鎮割據之後，由大分裂而一統。宋太祖採用謀臣趙普的主意，用種種方法收回地方的兵權、政權、法權、財權。中央直屬的軍隊叫禁軍，挑選全國最精銳的軍人組成，戰鬥力最強，挑剩的留在地方的叫廂軍，全國各地的廂軍總數才和禁軍的總數相等，以此在質、量兩方面禁軍都超過了廂軍。各地方政府的長官也都直接由中央任免。地方的司法和財政也都由中央派專使——提點刑獄公事和轉運使直轄。府縣的長官大部分都帶有在中央服務的職名，任滿後仍須回中央供職，到地方作事只算是出差（差遣）。在這一個系統之下，就造成了政治上的向心力。宋代的各級官吏，都以到地方服務為回到中央供職的過程，內外雖迭用，但最後的歸結還是臺閣監寺以至兩地。如地位已到了臺閣侍從，則出任州守，便算譴謫。反之由外面內召，能到曹郎，便是美遷。"故仕人以登臺閣，升禁從為顯宦，而不以官之遲速為榮滯，以差遣要劇為貴途，而不以階勳爵邑有無為輕重。"一般士大夫大多顧戀京師，輕易不肯離去闕下，葉夢得《避暑錄話》下記有一則范純仁的故事說：

> 范堯夫每仕京師，早晚二膳，自己至婢妾皆治於家，往往鐫削，過為簡儉，有不飽者，雖晚登政府亦然。補外則付之外廚，加料幾倍，無不厭餘。或問其故，曰：人進退雖在己，然亦未有不累於妻孥者。吾欲使居中則勞且不足，在外則逸而有餘，故處吾左右者，朝夕所言，必以外為樂，而無顧戀京師之意，於吾亦一佐也。前輩嚴於出處，每致其意如此。

范堯夫是哲宗時的名臣名相，尚且以克削飲食的手段，來節制出處，可見當時一般重內輕外的情形。南渡後半壁江山，政治重心卻仍因制度的關係，維護在朝廷，外官紛紛要求京職。《宋會要稿‧九五‧職官》六〇之二九：

> 紹興九年（1139）五月二十三日，殿中侍御史周英言：士大夫無安分效職之心，奔走權勢，惟恐不及，職事官半年不遷，往往有滯淹之歎。

又一〇六《職官》七九之一二：

> 慶元二年（1196）十月十四日，臣僚言，近日監司帥守，到任之後，甫及半考，或幾一年，觀風問俗，巡歷末周，承流宣化，撫字未遍，即致書當路，自述勞績，干求朝堂，經營召命。

> 四年八月二十四日，臣僚言，比年以來，州縣官吏，奔競躁進，相師成風，囑託請求，恬不知恥，賄賂雜沓於往來之市，汙瀆旁午於貴要之門，上下玩習，不以為怪。故作縣未幾，即求薦以圖院轄。作倅未幾，即求薦以圖作州。作州未幾，即求薦以圖特節。既得節矣，復圖職名，得職名矣，復圖召命。

以上二例，固然是政治的病態，卻也可看出這時代向心力的程度。

再就唐代說，安史之亂是一個路標，亂前內重外輕，亂後內輕外重。亂前的府兵屬於國家，亂後節鎮兵強，中央衰弱。亂前官吏任免由朝廷，亂後地方多自辟僚屬，墨版假授。亂前財政統一，亂後財賦有留州留使，僅上供是朝廷的收入。亂前中央官俸厚，地方官俸薄，亂後恰好相反。至於河北山東割據的藩鎮，則索性一切自主，完全和中央無干。亂前士大夫多重內官，輕外職。此種風氣，唐初已極顯著，貞觀十一年（637）馬周上疏即提到這個問題，他說：

> 今朝廷獨重內官，刺史縣令，頗輕其選。刺史多是武夫勳人或京官不稱職始外出，邊遠之處，用人更輕，所以百姓未安，殆由於此。[1]

長安四年（704）李嶠也上疏說：

> 安人之方，須擇刺史，竊見朝廷物議，莫不重內官，輕外職，每除牧伯，皆再三披訴。比來所遣外任，多是貶累之人，風俗不澄，實由於此。[2]

神龍元年（705）趙冬曦也說：

> 今京職之不稱者，乃左為外任，大邑之負累者，乃降為小邑，近官之不能者，乃遷為遠官。[3]

直至開元五年（717）源乾曜還說：

> 臣竊見勢要之家，並求京職，俊乂之士，出任外官，王

道均平，不合如此。[4]

這種畸輕畸重的形勢，深為當時有識的政治家所憂慮，唐太宗以此自簡刺史，令五品以上京官舉縣令一人。武后時以臺閣近臣分典大州，中宗時特敕內外官吏更用，玄宗時源乾曜請出近臣子弟為外官，都想矯正這種弊端。不過全無用處，外官之望京職，有如登仙。《新唐書·倪若水傳》：

> 開元初為中書舍人、尚書右丞，出為汴州刺史……時天下久平，朝廷尊榮，人皆重內任，雖自冗官擢方面，皆自謂下遷。班景倩自揚州采訪使入為大理少卿，過州，若水餞於郊，顧左右曰：班公是行若登仙，吾恨不得為騶僕。

等到"漁陽鼙鼓動地來"，胡笳一聲，立刻把這一種向心力轉為相反的離心力。《新唐書·李泌傳》說：

> 貞元三年（787）……時州刺史月俸至千緡，方鎮所取無藝，而京官祿寡薄。自方鎮入至八座，至謂罷權。薛邕由左丞貶歙州刺史，家人恨降之晚。崔祐甫任吏部員外，求為洪州別駕。使府賓，佐有所忤者，薦為郎官，其遷臺閣者，皆以不赴取罷去。泌以為外太重，內太輕，乃請隨官閒劇，倍增其俸，時以為宜。而竇參多沮其事，不能悉如所請。

元和時（806—820）李鄘為淮南節度使，內召作相，至祖道泣下，固辭不就。《新唐書》本傳：

> 吐突承璀數稱薦之，召拜門下侍郎同中書門下平章事。
> 鄘不喜由宦幸進，及出，祖樂作，泣下謂諸將曰：吾老安外
> 鎮，宰相豈吾任乎？至京師，不肯視事，引疾固辭。

這情形恰好是亂前亂後絕妙的對照。士大夫都營求外任，不肯赴闕，人才分散在地方，政府無才可用，末期至用朱樸、鄭綮作相，"履霜堅冰至"其由來也漸矣。

明代政治組織較前代進步，內閣決大政，六部主庶務，都督府司兵籍，都察院司彈劾監察，官無虛設，職與事符。並且衛軍全屬於國家，地方無私兵。地方政府的組織也較前代簡單而嚴密，嚴格說只有府縣兩級，均直屬中央。原來的三司（布政使司、按察使司、都指揮使司）皆帶使名，以中央官外任，後來增設巡撫，也是以中央大員出巡。總督主兩省以上的軍務，事定即罷。士大夫以內召為寵命。詔書一下，全國上下奉行唯謹。

清代因承明制，卻有一部分沒有學到家，總督軍務成為地方常設的經制的疆吏，許可權過大過重，前期國勢強盛，尚可以一紙命令節制調動。中葉以後，八旗軍力衰弱，代以綠營，洪楊亂起，綠營不能用，復代以練勇。事定後，各省疆吏擁兵自重，內中淮軍衍變為北洋系，猶自成一系統，潛勢力可以影響國政，義和團亂起，南方各省疆

吏競成聯省自立的局面。中央政令不行,地方形同割據。革命起後,北洋系的軍人相繼當國,形成十六年割據混戰的局面。在這期間內,政治上的離心力大過向心力,一般知識分子,多服務於地方,人才分散。

我們回顧這兩千年的專制政治,無論向心或者離心,都是以獨夫之心,操縱數萬萬人之事。而歷朝皇帝,都生怕天下把得不穩,於是大量引用戚族,舉全國人的血汗,供一家之榮華富貴,荒淫奢侈。自今而後,我們需要向心,我們更需要統一,但我們必須向心於一個民主的政權,我們必須統一於一個民主的政府之下。

本文為《史話》之七,收入 1946 年 5 月生活書店(北平)出版的《歷史的鏡子》。

註　釋

1、2、3　《唐會要》六八《刺史》上。

4　《唐會要》五三。

說士

　　現代辭彙中的軍人一名辭，在古代叫做士。士原來是又文又武的，文士和武士的分立，是唐以後的事。

　　在春秋時代，金字塔形的統治階級，王、諸侯、大夫以下的階層就是士。士和以上的階層比較，人數最多，勢力也最大。其下是庶民和奴隸，是勞力者，是小人，應該供養和侍候上層的君子。王、諸侯、大夫都是不親庶務的。士介在上下層兩階級之間，受特殊的教育，在平時是治民的官吏，在戰時是戰爭的主力。就上層的貴族階級說，是維持治權的主要力量，王、諸侯、大夫如不能得到士的支持，不但政權立刻崩潰，身家也不能保全。就下層的民眾說，士又是庶政的推動和執行人，他們當邑宰，管理租賦，審判案件（以此，士這名詞又含有司法官的意義，有的時候也叫做士師），維持治安，當司馬管理軍隊，當賈正管理商人，當工正管理工人，和民眾的關係最為密切，因之又慣常和民眾聯在一起。就職業的區分，士為四民之首，其下是農工商。再就教育的程度和地位說，士和大夫最為接近，因之士大夫也就成為代表相同的教育程度和社會地位的一個專門名詞。

　　士在政治上社會上負有特殊任務，在四民中，獨享教育的特權。為着適應士所負荷的業務，課程分作六種，稱為六藝：禮、樂、射、御、書、數。內中射、御是必修科，其他四種次之。射是射箭和戰爭技術的訓練；御是駕車，在車戰時代，這一門功課也是非常重要的。禮是人生生活的軌範，做人的方法。禮不下庶人，在貴族社會中，是最實際的處世之學。樂是音樂，是調劑生活和節制情感的工具。士無故不輟琴瑟，孔子在齊聞韶，三月不知肉味的故事，正可以代表古代士大夫對於音樂的愛好和欣賞的能力。奏樂時所唱的歌詞是詩，在外交或私人交際場合，甚至男女求愛時，都可用唱詩來表達自己的意思；這些詩被記錄下來，保存到現在的叫《詩經》。書是寫字，數是算數。要當一個政府或地方官吏，這兩門功課也是非學不可的。

士不但受特殊的教育訓練，也受特殊的精神訓練。過去先民奮鬥的史跡，臨難不屈，見危授命，犧牲小我以保全邦國的可歌可泣的史詩，和食人之祿忠人之事的理論，深深印入腦中。在這兩種訓練下，養成了他們的道德觀念 —— 忠。忠的意義是應該把責任看得重於生命，榮譽重於安全，在兩者發生衝突時，毫不猶豫犧牲生命或安全，去完成責任，保持榮譽。

在封建時代，各國並立，士的生活由他的主人 —— 諸侯或大夫所賜的田土維持；由於這種經濟關係，士只能效忠於主人。到了秦漢統一的大帝國成立以後，諸侯大夫這一階層完全消滅，士便直屬於君主、於國家，忠的對象自然也轉移到對君主、對國家了。士分為文武以後，道德觀念依然不變，幾千年以來的文士和武士，**轟轟**烈烈，為國家為民族而鬥爭、而流血、而犧牲，不屈不撓，前仆後繼，悲壯勇決的事跡，史不絕書。布衣白丁，匹婦老嫗，補鍋匠，賣菜傭，乞丐，妓女，一些未受教育的平民百姓，在國家危急時，也寧願破家殺身，不肯為敵人所凌辱。這種忠於國家，忠於民族，幾千年來的一貫信念，是我中華民族始終昂然永存，歷經無數次外患而永不屈服，終能獨立自主的優良傳統。

士原來受文事武事兩種訓練，平時治民，戰時治軍，都是本分。春秋時代列國的卿大夫，一到戰時便統率軍隊作戰，前方後方都歸一體（晉名將郤谷以敦詩書禮樂見稱，是個著例）。到戰國時代，軍事漸趨專業化，軍事學的著作日益增多，軍事學家、戰術家、戰略家輩出，文官和軍人漸漸開始分途；可是像孟嘗君、廉頗、吳起等人，也還是出將入相，既武且文。漢代的大將軍、車騎將軍、前將軍、後將軍都是內廷重臣，遇有征伐時，將軍固然應該奉命出征，外廷的大臣如御史大夫和九卿也時常以將軍稱號統軍征伐。而且文武互用，將軍出為外廷文官，外廷文官改官將軍，不分畛域。末年如曹操、孫權都曾舉孝廉，曹操橫槊賦詩，英武蓋世。諸葛亮相蜀，行軍時則為元帥。雖然有純粹的職業軍人如呂布、許褚之流，純粹的文人如華歆、許靖之流，在大體上仍是文武一體。一直到唐代李林甫當國以前，還是邊帥入為宰相，宰相出任邊帥，內外互用，文武互調。

李林甫做宰相以後，要擅位固寵，邊疆將帥多用胡人，胡人不識漢字，雖然立功，也只能從軍階爵邑上升遷，不能入主中樞大政，從此文武就判為兩途。安史亂後的郭子儀，奉天功臣李晟，雖然名義上都是宰相，都是漢人，都通文義，卻並不與聞政事，和前期李靖、李貴出將入相的情形完全不同了。經過晚唐五代藩鎮割據之亂，宋太祖用全力集權中央，罷諸將軍權，地方守令都以文士充任，直隸中樞，文士治國，武士作戰，成為國家用人的金科玉律，由之文士地位日高，武士地位日低，一味重文輕武的結果，使宋朝成為歷史上最不武的時代。仁宗時名將狄青南北立功，做了樞密使，一些文士便群起攻擊，逼使失意而死。南宋初年的岳飛致力恢復失地，也為宰相秦檜所誣殺。文武不但分途，而且成為對立的局面。明代文武的區分更是明顯，文士任內閣部院大臣，武士任官都督府衛所，遇有征伐，必以文士督師，武士統軍陷陣。武士即使官為將軍、總兵，到兵部辭見時，對兵部尚書必須長跪。能彎八石弓，不如識一"丁"字。一般青年除非科舉無望，才肯棄文就武，這樣，武士成為只有技勇膂力而無智識教養的人，在社會上被目為粗人，品質日低，聲譽日降，偶爾有一兩個武士能通文翰吟詠，便群相驚詫，以為儒將。偶爾有一兩個武士發表對當前國事的意見，便群起攻擊，以為干政。結果武士自安於軍陣；本來無教養學識的，以為軍人的職責只是作戰，不必求學識。這種重文輕武心理的普遍化，使上至朝廷，下至閭巷，都以武士不文為當然，為天經地義。武士這一名詞省去下一半，武而不士，只好稱為武人了。

近百年來，外患迭生，屈辱叢集，當國的文士應該負責，作戰的武士，亦應該負責。七年來的艱苦作戰，文士不應獨居其功，大功當屬於前線流血授命的武士。就史實所昭示，漢唐之盛之強，宋明之衰之弱，士的文武合一和分立，可說是重要原因之一。古代對士的教育和訓練，今日應加以重視，尤其應該著重道德觀念 —— 對國家對民族盡責的精神的養成。提高政治水準，使知道為什麼而戰和有所不為，徹頭徹尾明白戰爭的意義。

要提高士的社會地位，必須文事和武事並重，必須政治水準和社會地位同等提高，這是今後全國所應全力以赴的課題。

本文原作於 1943 年；後收入 1946 年 5 月生活書店（北平）出版的《歷史的鏡子》；解放後再收入 1959 年 9 月作家出版社出版的《投槍集》。

言官與輿論

清同治四年（1865），方宗誠在光祿大夫吏部右侍郎王公（茂蔭）神道碑中曾指出咸豐朝的政治情形說：

> 時天下承平久，吏治習為粉飾因循，言官習為唯阿緘默，即有言多瑣屑，無關事務之要。其非言官，則自以為吾循分盡職，苟可以寡過，進秩而已，視天下事若無與於己而不敢進一辭，釀為風氣，軍國大事，日即於頹壞而莫之省。

言官是過去歷史上一種特殊制度，代表着士大夫 —— 統治集團的輿論，專門照顧主子和這一集團的共同利益，從舊制度崩潰以後，代替皇帝做主子的是人民，代替言官的任務的是報紙，對象改變了。自然，報紙所發揚的輿論應該是照顧人民的利益。然而，今天的情形依然和咸豐朝一樣，方宗誠的記載依然適合，試轉為今典：

> 時天下亂離久，吏治習為粉飾因循，官與民爭利，軍需民為衛，幅壤日窄，而衙署日多，誅求之術，日精月進，桔桎之法，如環無端，鈔幣日增，民生日困，而報章習為唯阿緘默，巧為圓融敷衍之說，即有言多瑣屑，無關事務之要，其甚者則移於賕賂，怵於刑誅，不惜自絕於民，以逢迎彌縫

諂媚搖尾應聲之態，為妻子兒女稻粱衣食之謀，敷粉弄姿，恬不知廉恥之為何物。其非任言責者，則自以為吾循分安命，明哲保身，俯仰隨人，沉浮自適，視國家民族幾若無與於己，拔一毛而不為，不願進一言，不敢進一辭，釀為風氣，軍國大事，日即頹壞而不之省。嗚呼！

本文為《史話》之十五，收入 1946 年 5 月生活書店（北平）出版的《歷史的鏡子》。

廷杖

杖，這一字，拿清朝官吏慣說的話來翻譯，是"打板子"。打老百姓的板子，自然不足為奇，可是打官吏就奇，打小官也罷了，可是打的是大官，是政府中要人就更奇。打的是大官，喝打的人，卻是皇帝或太監，打的地方，就在殿廷，這就叫廷杖。廷杖這名詞最流行的時期是明代，可是，創造制度的，卻不是明太祖，蒙古人早已用這手段，對付他的文武大臣了。試引數例作證，《元史・桑哥傳》：

> 至元二十四年十一月，桑哥言：臣前以諸道宣慰司及路、府、州、縣官吏，稽緩誤事，奉旨遣人遍笞責之。

這一次打的是地方長官，雖然沒有指明是哪一些地方的長官，可是從"諸"字看來，大概捱板子的一定不少。打了以後，並沒罷官，大概是將息了幾天，就起來辦事。據同書《趙孟頫傳》，也記有同樣的事件：

> 至元二十四年詔遣尚書劉宣書孟頫，馳驛至江南，問行省丞相慢令之罪，凡左右司官，及諸路官，則徑笞之。孟頫受命而行，北還不笞一人，丞相桑哥大以為讓。

這事和《桑哥傳》所記時月相同，主使人也相同，可是罪案不同，也許不是同一件事。那末，從此看來，可見那時期的政府，是時常派使臣出去打地方官吏的板子的。最妙的是趙孟頫，派他去打人，他不肯打，後來卻自己捱了一頓打，只因為遲到幾分鐘的關係，同傳：

> 桑哥鐘初鳴時即坐省中，六曹官後至者則笞之。孟頫（兵部郎中）偶後至，斷事官遽引孟頫受笞。孟頫入訴都堂葉李曰：古者刑不上大夫，所以養其廉恥，教之節義，且辱士大夫，是辱朝廷也。桑哥亟慰孟頫使出，自是所笞惟曹吏以下。

可是比起周戩來，孟頫總算便宜，《陳天祥傳》：

> 左司郎中周戩因議事微有可否，盧世榮誣以沮法，奏令杖一百，然後斬之。

後來越打越手滑，即使是最小的過失，也照例打一頓，《閻復傳》記：

> 元貞三年疏言：古者刑不上大夫，今郡守以微租受杖，非所以屬廉隅。

《韓鏞傳》：

> 至正七年，有旨以織幣脆薄，遣使笞行省臣及諸郡長
> 吏，獨鏞無預。

史臣竟因韓鏞僥倖免打，而特筆記這件事，可見官吏捱打，在當時真做到家常便飯的地步了。

上引一些例，打的不過都是小臣，打的地方，都不在殿廷內。現在試引一件打的是宰相，又是在殿內打的史料，據《張珪傳》：

> 廷祐二年，拜中書平章政事。……失列門傳皇太后旨，
> 召珪切責，杖之。珪創甚，輿歸京師，明日遂出國門。

這可以說是明代廷杖的師範。同樣，外面的最高地方長官，也有捱打的，《史弼傳》：

> 至元二十九年，拜榮祿大夫福建等處行中書省平章政
> 事，往征爪哇。……朝廷以其失亡多，杖七十，沒家貲三之
> 一。

以上所記的，都不過是捱打而已，末年，竟有故意打死人的慘劇，《成遵傳》：

> 至正十九年，用事者承望風旨，誣遵與參政趙中參議蕭
> 庸等六人皆受贓。遵等竟皆杖死。

據《鐵失傳》，蒙古人也同樣地捶打：

> 至治二年十月，江南行臺御史大夫脫脫以疾請於朝，未
> 得旨輒去職。鐵失奏罷之杖六十七，謫居雲南。

《楊朵兒只傳》：

> 江東西奉使幹來不稱職，權臣匿其奸，冀不問。朵而只
> 劾而杖之，幹來愧死。

這倒是一個血性漢子，比漢人有氣骨多了。

從此看來，廷杖並不是國粹，是蒙古人傳下來的習慣，他們過去在蒙古是不是動不動就用板子打人，我不知道。可是，在中國，據上面所記的看來，確然是常常打無疑，明朝的皇帝們，絕不能引廷杖的威風為榮，因為打的是漢人，被打的也還是漢人。可是這兩個朝代，也還有一個共通的可以自豪的一點，這一點是，凡被打的都是知識分子，而且大部分是儒生。怪不得明太祖一做皇帝，就立下"寰中士夫不為君用"之條，儒生不肯做官的一律殺頭，當時人之所以不肯做官，想也是怕捶板子的緣故。然而明代一代做官的，不論大小，至少有百分之九十，還是儒生，不知道是怕殺頭的緣故，還是已經練好捶板子的本領緣故？

那麼，從此看來，建州人入關以後，無論中外官吏，都一律對皇帝自稱奴才的理由，是可以解釋的了。這理由很簡單的，是在清代不

很聽說有人捱板子。

從捱板子而到自稱奴才，這是五百年來知識分子的生活縮影。

明代的廷杖，早已膾炙人口，不贅。

二十四年除夕

本文原載《天津益世報‧史學》第二十四期，1936 年 3 月 17 日。

冗兵冗吏

北宋這一個時代，就內政說，算是比較像樣子的，有見識的政治家都能有充分的言論自由批評政府，指摘的題目之一是冗兵冗吏。

至道三年（997），有一個在政治上失勢，被趕到外郡去的地方官——知揚州王禹偁寫信給皇帝，指出冗兵冗吏的弊端說："過去三十年間的一切，就我所親見的說，國初疆域，東未得江浙福建，南未得兩湖兩廣，國家財賦收入不多，可是北伐山西，禦契丹，財政不困難，兵威也強。道理在哪裏？明白得很，第一，常備兵精而不多；第二，所用的大將專而不疑。其後，盡取東南諸國，山西也收復了，土地增加，收入增加，可是財政反而困難，兵威反而不振，道理在哪裏？也明白得很，第一，常備兵多而不精；第二，所用的大將也多而不專。如今的辦法，要國富兵強，只有學以前的辦法，採用精兵主義，委任好將官，用全國的財力培養數目不大的精兵，國富兵強自然不成問題。"

接着他舉出冗官的實例，他說："我是山東濟上人，記得未中進士時，地方只有刺史一人、司戶一人，十年以來，政府不曾添過人，地方上也沒有什麼事辦不了。以後又添了一個團練推官。到我中進士回鄉時，除了刺史，又有通判，有副使，有判官，有監庫，有司理，管賣酒收稅的又有四個官，衙門天天增加，官的數目自然也多，可是算算地方收入，比過去反而減少，逃亡的人民呢，反而比過去增多。一州如此，全國可知，冗吏在上消耗，冗兵在下消耗，兩頭吃國家，國家如何能不窮！"

五十年後，戶部副使包拯也告訴皇帝說："五十年前文武官的總數九千七百八十五員，現在是一萬七千三百餘員，這數目不包括未管差遣京官使臣和候補官在內。比五十年前增加了一倍。全國州郡三百二十，縣一千二百五十，平均算來，照定額不過五六千個官就夠辦事，如今的數目恰好多了三倍。而且三年一開貢舉，每次考取二千多人，再加上中央機關的小吏，加上大官的兒孫蔭序，再加上出錢買官的，總共算來，逐年增加的新官又不止三倍！做官的一天天增多，種田的一天天減少，國家如何能不窮，民力如何能不竭！"

在承平時代，有如此公開的指摘，過了九百年，到了我們的時代，有史以來國難最嚴重的時代，我們讀了這兩個文件，有點惘然！

——原註：史料據《資治通鑒長編》卷四二、卷一六七

本文為《舊史新談》之八。《舊史新談》共 12 篇短文，曾於 1944 年前後發表在昆明版的《評論報》，後收入 1946 年 5 月生活書店（北平）出版的《歷史的鏡子》。

論貪污

古語說："無敵國外患者國恆亡。"這是歷代相傳的名言。顛撲不破的真理。其實，徵之於過去的史實，這句話還可引申為："內政修明而有敵國外患者國必不亡！""內政不修而無敵國外患者國恆亡"。

內政不修的涵義極廣，舉實例說明之，如政出多門，機構龐冗，橫徵暴斂，法令滋彰，寵倖用事，民困無告，貨幣紊亂，盜賊橫行，水旱為災等等都是，而最普遍最傳統的一個現象是貪污。這現象是"一以貫之"，上述種種實例都和她有母子關係，也可以說貪污是因，這些實例是果。有了這些現象才會有敵國外患，反之如政治修明，則雖有敵國外患也不足為患。

貪污這一現象，假如我們肯細心翻讀過去每一朝代的歷史，不禁令人很痛心地發現"無代無之"，竟是與史實同壽！我們這時代，不應該再諱疾忌醫了，更不應該蒙在鼓裏夜郎自大了。翻翻陳賬，看看歷代覆亡之原，再針對現狀，求出對症的藥石，也許可以對抗建[1]大業有些小補。

一部二十四史充滿了貪污的故事，我們只能揀最膾炙人口的大人物舉幾個例，開一筆賬，"豺狼當道，安問狐狸！"，下僚小吏，姑且放開不談。

過去歷史上皇帝是國家元首，皇帝的宮廷財政和國家財政向來分開，但是有時候皇帝昏亂浪費，公私不分，以國產為私產，恣意揮霍，鬧得民窮財盡，這種情形，史不絕書。最奇的是皇帝也有貪污的，用不正當的方法收受賄賂，例如漢靈帝和明神宗。漢靈帝為侯時常苦貧，及即位後，每歎桓帝不能作家居，曾無私錢，故賣官聚錢，以為私藏。光和元年（178）初開西邸賣官，二千石二千萬，四百石四百萬，公千萬，郎五百萬，富者先入錢，貧者到官然後倍輸。崔烈入錢五百萬拜司徒，拜日天子臨軒，百僚畢會。靈帝忽然懊悔，和左右說，這官賣得上當，那時只要稍為掯勒一下，他會出一千萬的。大將如段潁、張溫雖然有功，也還是用錢買，才能作三公。又收天下之珍貨，每郡國貢獻，先輸內廷，名為導引費。又稅天下田畝什錢修宮室，內外官遷除都先到西園講價錢，大郡至二三千萬。付了錢才能上任，關內侯值錢五百萬。他把國庫的金錢繒帛取歸內府，造萬金堂貯之，藏不下的寄存在小黃門常侍家。黃巾亂起，卒亡漢社。

無獨有偶，一千四百年後的明神宗也是愛錢勝過愛民的皇帝，他要增殖私產，到處派太監榷稅採礦，大璫[2]小監，縱橫繹騷，吸髓飲血，以供進奉，有的稱奉密旨搜金寶，募人告密，有的發掘歷代陵寢，豪奪民產，所至肆虐，民不聊生，大小臣工上疏諫止的一概不理，稅監有所糾劾的卻朝上夕報，立得重譴。結果內庫雖然金銀山積，民間卻被逼叛亂四起，所遣稅監高淮激變於遼東，梁永激變於陝西，陳奉激變於江夏，李奉激變於新會，孫隆激變於蘇州，楊榮激變於雲南，劉成激變於常鎮，潘相激變於江西，鬧得瓦解土崩，民流政散，甚至遣使到菲律賓採金，引起誤會，僑民被殺的至二萬五千人。國庫被挪用空乏，到了外患內亂迭起，無可應付時，請發內庫存金，卻慳吝不肯，再三催討，才勉強發出一點敷衍面子。他死後，不過二十多年，明朝就亡國了，推原根本，亡國的責任應該由他的貪污行為負責。

皇后貪污亡國的，著名的例子有五代唐莊宗的劉后。劉后出身寒微，既貴，專務蓄財，薪蔬果茄，都販鬻充私房，到了作皇后時四方貢獻，分作兩份，一上天子，一上中宮，又廣收貨賂，營私亂政，宮中寶貨山積，皇后的教和皇帝的制敕並行，藩鎮奉之如一。鄴都變起後，倉儲不足，軍士有流言，政府請發內庫金帛給軍，莊宗要答應，她卻說自有天命，不必理會。大臣再三申論，她拿出妝具和三個銀盆，又叫三個皇子出去說，人家說宮中蓄積多，不知都已賞賜完了，止留下這些，請連皇子賣了給軍士罷。到莊宗被弒後，她卻打疊珍寶馱在馬鞍上，首先逃命，餘下帶不走的都被亂軍所得。

大臣貪污亂國的更是指不勝屈，著例如唐代的楊國忠、元載，宋代的秦檜、賈似道，明代的嚴嵩，清代的和珅。史書記元載籍沒時，單胡椒一項就有八百斛，鐘乳五百兩。嚴嵩的家產可支軍餉數年，籍沒時有黃金三萬餘兩、白金二百餘萬兩，其他珍寶不可勝計。隱沒未抄的不可計數。和珅的家產可以供給全國經費二十年，以半數就夠付清庚子賠款。

太監得君主信任的，財產的數目也多得驚人。例如明代的王振，籍沒時有金銀六十餘庫，玉盤百，珊瑚高六七尺者二十餘株。劉瑾擅權不過六七年，籍沒時有大玉帶八十束，黃金二百五十萬兩，銀五千萬餘兩，其他珍寶無算。

一般官僚的貪污情形，以元朝末年作例。當時上下交徵，問人討錢，各有名目，所屬始參曰拜見錢，無事白要曰撒花錢，逢節曰追節錢，生辰曰生日錢，管事而索曰常例錢，送迎曰人情錢，勾追曰賷發錢，論訴曰公事錢。覓得錢多曰得手，除得州美曰好地，補得職近曰好窠。遇事要錢，成為風氣，種下了亡國的禍根。

武人的貪污在歷史上也不能例外，有個著名的故事說，五代時有一個軍閥被召入朝，百姓喜歡極了，說是從今拔去眼中釘了，不料這人在朝廷打點花了大錢，又回舊任，下馬後即刻徵收"拔釘錢"。又有一軍閥也被召入朝，年老的百姓都摸摸鬍子，會心微笑，這人回任後，也向百姓要"摸鬍子錢"。

上下幾千年，細讀歷史，政簡刑清，官吏廉潔，生民樂業的時代簡直是黃鐘大呂之音，少得可憐。史家遇見這樣稀覯的時代，往往一唱三歎，低徊景仰而不能自已。

歷朝的政治家用盡了心力，想法子肅清貪污，樹立廉潔的吏治，不外兩種辦法，第一種是厚祿，他們以為官吏之所以不顧廉恥，例行逆施，主要原因是祿不足以養廉，如國家所給俸祿足夠生活，則一般中人之資，受過教育的應該知道自愛。如再違法受贓，便是自暴自棄，可以重法繩之。第二種是嚴刑，國家制定法令，犯法的立置刑章，和全國共棄之。前者例如宋，後者例如明初。

宋代官俸最厚，京朝官有月俸，有春冬服（綾、絹、綿），有祿粟，有職錢，有元隨傔人衣糧、傔人餐錢。此外又有茶酒廚料之給，薪蒿炭鹽諸物之給，飼馬芻粟之給，米麵羊口之給。外官則別有公用錢，有職田。小官無職田者別有茶湯錢，給賜優裕，入仕的人都可得到生活的保障，不必顧念身家，一心一意替國家作事。一面嚴刑重法，凡犯贓的官吏都殺無赦，太祖時代執法最嚴，中外官犯贓的一定棄市。太宗時代也還能維持這法令，真宗時從輕改為杖流海島。仁宗以後，姑息成風，吏治也日漸腐敗，和初期的循良治行不可同日而語了。明代和宋代恰好相反，明太祖有懲於元代的覆敗，用重刑治亂國，凡貪官污吏重則處死，輕也充軍或罰作苦工，甚至立剝皮之刑，一時中外官吏無不重足屏息，奉公畏法，仁宣兩代繼以寬仁之治，一張一弛，倒也建設了幾十年的清明政治。正統以後，情形便大不相同了，原因是明代官俸本來不厚，洪武年代還可全支，後來便採用折色的辦法，以俸米折鈔，又以布折俸米，朝官每月實得米不過一二石，外官厚者不過三石，薄的一石二石，其餘都折鈔布，鈔價貶值到千分之二三，折算實收，一個正七品的知縣不過得錢一二百文。仰無以事父母，俯無以蓄妻子，除了貪污，更無別的法子可想。這情形政府當局未嘗不了解，卻始終因循敷衍，不從根本解決，上下相蒙，貪污成為正常風氣，時事也就不可問了。

由於上述兩個例子，宋代厚祿，明初嚴刑，暫時都有相當效果，卻都不能維持久遠（但是比較的說，宋代一般的吏治情形要比明代好一點）。原因是這兩個辦法只能治標，對貪污的根本原因不能發生作用。治本的唯一辦法，應該從整個歷史和社會組織去理解。

一直到今天為止，我們的政治，我們的社會組織，我們的文化都是以家族為本位的。在農村裏聚族而居，父子兄弟共同勞作，在社會上工商也世承其業，治國平天下的道理也從修身齊家出發。孝友睦姻是公認的美德，幾代同居的大家族更可以誇耀鄉黨。作官三輩爺，不但誥封父母，蔭及妻子，連親戚鄉黨也雞犬同升。平居父詔其子，兄詔其弟以作官發財，親朋也以此相勉，社會也以此相欽羨，"個人"在這環境下不復存在，一旦青雲得路，父族妻族兒女姻戚和故舊鄉里都一擁而來，祿薄固不能支給，即祿厚又何嘗能夠全部應付，更何況上官要承迎，要人要敷衍，送往迎來，在在需錢！如不貪污非餓死凍死不可！固然過去也有清官，清到兒女啼飢號寒，死後連棺材也買不起的。也有作官一輩子，告休後連住屋也沒有一間的。可是這類人並不多，一部正史的循吏傳也不過寥寥十數人而已。而且打開天窗說亮話，這些人之所以作清官，只是用禮法勉強約束自己，有一個故事說某一清官對人說錢多自然我也喜歡，只是名節可畏，正是一個好例。

根據這個理解，貪污的根絕，治本的辦法應該是把"人"從家族的桎梏下解放出來。個人生活的獨立，每一個人都為工作而生存，人與人之間無倚賴心。從家族本位的社會組織改變為個人本位的社會組織，自然，上層的政治思想文化也都隨而改變。"人"能夠獨立存在以後，工作的收入足夠生活，法律的制裁使他不願犯禁，厚祿嚴刑，交互為用，社會上有公開的輿論指導監督，政府中有有力的監察機關舉劾糾彈，"衣食足而後知榮辱"，貪污的肅清當然可操左券。

本文收入 1946 年 5 月生活書店（北平）出版的《歷史的鏡子》。

註　釋

1　指抗日建國。編者註。

2　指大太監。編者註。

貪污史例

之一

　　元朝末年，官貪吏污，因為蒙古色目人渾渾噩噩，根本不懂"廉恥"是什麼意思。這一階級向人討錢都有名目，到任下屬參見要"拜見錢"，無事白要叫"撒花錢"，逢節有"追節錢"，做生日要"生日錢"，管事而要叫"常例錢"，送往迎來有"人情錢"，差役提人要"齎發錢"，上衙門打官司要"公事錢"。做官的賺得錢多叫"得手"，鑽得肥缺叫"好地"，補得要缺叫"好窠"。至於忠於國家，忠於人民，則一概"曉勿得！"

　　劉繼莊說："這情形，明朝初年我知道不清楚，至於明末，我所耳聞目見的，又有哪一個官不如此！"

—— 原註：史料據劉獻廷《廣陽雜記》卷三

之二

　　明代中期，離現在四百多年前，一個退休的顯官何良俊，住在南京，告訴我們一個故事：

　　南京也照北京的樣子，設有六部五府等機關，原來各有職掌，和百姓並不相干。這些官家裏需用的貨色，隨時由家奴到鋪子買用，名為和買。我初住南京的頭幾年，還是如此，不過五六年光景，情形漸漸不妙，各衙門裏並無事權的閒官，也用官府的印票，叫皂隸去和買了，只給一半價錢，例如值銀兩錢的扇子只給一錢，其他可以類推。鬧得一些鋪戶叫苦連天。至於有權有勢的御史，氣焰熏天，更是可怕。例如某御史叫買一斤糖食，照價和買只要五六分銀子，承買的皂隸卻乘機敲詐了五六兩銀子，他在票面上寫明本官應用，要鋪戶到本衙交納，第一個來交納的，故意嫌其不好，押下打了十板；再照顧第二家，第二家一算，反正來差要錢，門上大爺又要錢，書辦老爺還是要錢，稍有不到，還得捱十下板子，不如乾脆拚上兩三錢銀子，消災免禍。皂隸順次到第三四家一樣對付，誰敢不應承？於是他也心滿意足，發了一筆小財，夠一年半載花銷了。

南京某家買到一段做正樑的木料叫柏桐，很是名貴，巡城御史正想製一個書桌，聽說有好材料，動了心，派人去要，這家捨不得，連夜豎了柱，把樑安上，以為沒有事了。不料巡城御史更強，一得消息，立刻派皂隸夫役，一句話不說，推翻柱子，抬起大樑，揚長而去。

——原註：史料據何良俊《四友齋叢書》

之三

明末的理學家劉宗周先生指出這時代的吏治情形說：

如今吏治貪污，例如催錢糧要火耗（零星交納的幾分幾錢銀子，熔鑄成錠才解京，熔鑄的虧蝕叫火耗，地方不肯擔負這損失，照例由納糧的人民吃虧，額外多交一兩成，積少成多，地方官就用這款子來肥家），打官司要罰款，都算本分的常例，不算外水了。新辦法是政府行一政策，這政策就成敲詐的藉口，地方出一新事，這一新事又成剝削的機會，大體上是官得一成，辦事的胥吏得九成，人民出十成，政府實得一成。政府愈窮，人民愈苦，官吏愈富，以此人民恨官吏如強寇，如仇敵，突然有變，能獻城就獻城，能造反便造反，當機立斷，毫不躊躇。

舉縣官作例吧，上官有知府，有巡道，有布政使，有巡撫，有巡按，還有過客，有鄉紳，更有京中的權要，一層層須得應付，敷衍，面面都到。此外鑽肥缺，鑽升官，更得格外使錢，當然也得養家，也得置產業，他們不吃人民吃什麼？又如巡按御史吧，饒是正直自好的，你還未到任，地方大小官員早已湊好一份足夠你吃幾代的財寶，安安穩穩替你送到家裏了。多一官百姓多受一番罪，多派一次巡按，百姓又多受一番罪，層層敲詐，層層剝削，人民怎能不造反？怎能不拼命？

—— 原註：史料據劉宗周《劉子文編》卷四《敬修職掌疏》

本文摘自《舊史新談》，收入 1946 年 5 月生活書店（北平）出版的《歷史的鏡子》。

明代的錦衣衞和東西廠

一

　　在舊式的政體之下，皇帝只是代表他的家族以及外環的一特殊集團的利益，比較被統治的人民，他的地位，不但孤立，而且永遠是在危險的邊緣，尊嚴的神聖寶座之下，醞釀着待爆發的火山。為了家族的威權和利益的持續，他們不得不想盡鎮壓的法子，公開的律例、刑章，公開的軍校和法庭不夠用，也不便用，他們還需要造成恐怖空氣的特種組織，特種監獄，和特種偵探，來監視每一個可疑的人、可疑的官吏，他們用秘密的方法偵伺，搜查，逮捕，審訊，處刑。在軍隊中，在學校中，在政府機關中，在民間，在茶樓酒館，在集會場所，甚至在交通孔道，大街小巷，處處都有這類人在活動。執行這些任務的特種組織，歷代都有。在漢有"詔獄"和"大誰何"，在唐有"麗景門"和"不良人"，在宋有"詔獄"和"內軍巡院"，在明有錦衣衞和東西廠，在袁世凱時代則有"偵緝隊"。

　　錦衣衞和東西廠明人合稱為廠衛。從十四世紀後期一直到十七世紀中葉，這兩機關始終存在（中間曾經幾度短期的廢止，但不久即復設）。錦衣衞是內廷的偵察機關，東廠則由宦官提督，最為皇帝所親信，即錦衣衞也受其偵察。錦衣衞初設於明太祖時，是內廷親軍，皇帝的私人衛隊，不隸都督府。其下有南北鎮撫司，南鎮撫司掌本衛刑名，北鎮撫司專治詔獄，可以直接取詔行事，不必經過外廷法司的法律手續，甚至本衛長官亦不得干預。[1] 錦衣衛的正式職務，據《明史·職官志》說是"掌侍衛緝捕刑獄之事，凡盜賊奸宄街塗溝洫，密緝而時省之"。經過嘉靖初年裁汰後，縮小職權，改為"專察不軌妖言人命強盜重事"[2]。其實最主要的還是偵察"不軌妖言"。不軌指政治上的反動者或黨派，妖言指宗教的集團如彌勒教、白蓮教、明教等。明太祖出身於香軍，深知"彌勒降生"和"明王出世"等宗教傳說，對於渴望改善生活的一般農民，所發生的政治作用，是如何重大。他尤其了解聚眾結社對現實政權有如何重大的意義和威脅，他從這兩種活動中得到政權，也已為這政權立下基礎，唯一使他焦急的問題是如何才能永遠子子孫孫都能不費事地繼承這政權。他所感覺到的嚴重危機有兩方面，其一是並肩起事的諸將，個個都身經百戰，梟悍難制。其二是出身豪室的文臣，他們有地方的歷史勢力，有政治的聲望，又有計謀，不容易對付。這些人在他在位的時候，固然鎮壓得下，但也還惴惴不安。身後的繼承人呢，太子忠厚柔仁，只能守成，不能應變。到太子死後，他已是望七高年，太孫不但幼稚，而且比他兒子更不中用，成天和一批腐儒接近，景慕三王，服膺儒術，更非制馭梟雄的腳色。他為着要使自己安心，要替他兒孫斬除荊棘，便不惜用一切可能的殘酷手段，大興胡藍黨案，屠殺功臣，又用整頓吏治，治亂國用重刑的口實，把中外官吏地主豪紳也着實淘汰了一下，錦衣衛的創立和授權，便是發揮這個作用。經過幾次的大屠殺以後，臣民側足而立，覺得自己的地位已經安定了。為了緩和太過緊張的空氣，洪武二十年（1387）下令焚毀錦衣衛刑具，把錦衣衛所禁閉的囚徒都送刑部。再隔六年，胡黨藍黨都已殺完，不再感覺到政治上的逼脅了，於是又解除錦衣衛的典詔獄權，詔內外獄毋得上錦衣衛，大小案件都由法司治理。天下從此算太平了。[3]

不到十年，帝位發生爭執，靖難兵起，以庶子出藩北平的燕王入居大位，打了幾年血仗，雖然到了南京，名義上算作了皇帝，可是地位仍不穩固。因為第一，建文帝有出亡的傳說，宮內自焚的遺體中不能確定是否建文帝也在內，假如萬一建文帝未死，很有起兵復國的可能。第二，他以庶子僭位，和他地位相同的十幾個親王看看眼紅，保不住也重玩一次靖難的把戲（這一點在他生前算是過慮，可是到孫子登位後，果然又鬧了一次叔侄交兵）。第三，當時他的兵力所及的只是由北平到南京一條交通線，其他地方只是外表表示服從。第四，建文帝的臣下，在朝的如曹國公李景隆、駙馬都尉梅殷等，在地方的如盛庸、平安、何福等都曾和他敵對作戰。其他地方官吏文武臣僚也都是建文舊人，不能立地全盤更動。這使他感覺有臨深履薄的恐懼。在這樣的情況之下，他用得着他父親傳下的衣缽，於是錦衣衛重複活動，一直到亡國，始終作皇帝的耳目，擔任獵犬和屠夫的雙重任務。

錦衣衛雖然親近，到底是外官，也許會徇情面，仍是不能放心。明成祖初起時曾利用建文帝左右的宦官探消息，即位以後，以為這些內官忠心可靠，特設一個東廠，職務是"緝訪謀逆妖言大逆等"，完全和錦衣衛相同。屬官有貼刑，以錦衣衛千百戶充任，所不同的是用內臣提督，通常都以司禮監秉筆太監第二人或第三人派充，關係和皇帝最密切，威權也最重。[4] 以後雖有時廢罷，名義也有時更換為西廠或外廠，或東西廠內外廠並設，或在東西廠之上加設內行廠，連東西廠也在伺察之下。但在實際上，廠的使命是沒有什麼變更的。

廠與衛成為皇帝私人的特種偵探機關，其系統是錦衣衛監察偵伺一切官民，東（西）廠偵察一切官民及錦衣衛，有時或加設一最高機構，偵探一切官民和廠衛，如劉瑾的內行廠和馮保的內廠，皇帝則直接監督一切偵緝機關。如此層層緝伺，層層作惡，人人自疑，人人自危，造成了政治恐怖。

二

廠衛同時也是最高法庭，有任意逮捕官吏平民，加以刑訊判罪和行刑的最高法律以外的權力。

衛的長官是指揮使，其下有官校，專司偵察，名為緹騎。嘉靖時陸炳官緹帥，所選用衛士緹騎皆都中大豪，善把持長短，多佈耳目，所睚眦無不立碎。所召募畿輔秦晉魯衛駢脅超乘跡射之士以千計。衛之人鮮衣怒馬而仰度支者凡十五六萬人。[5] 四出緝訪："凡縉紳之門，各有數人往來其間，而凡所緝訪，止屬風聞，多涉曖昧，雖有心口，無可辯白。各類計所獲功次，以為升授。憑其可逞之勢，而邀其必獲之功，捕風捉影，每附會以仇其奸，非法拷訊，時威逼以強其認。"[6]
結果，一般仕宦階級都嚇得提心吊膽，"常宴起早闥，毋敢偶語，旗校過門，如被大盜"[7]。抓到了人時先找一個空廟祠宇榜掠了一頓、名為打樁，"有真盜幸免，故令多攀平民以足數者。有括家囊為盜賊，而通棍惡以證其事者，有潛種圖書陷人於妖言之律者，有懷挾偽批坐人以假印之科者，有姓名彷彿而荼毒連累以死者。"訪拿所及，則"家資一空，甚至並同室之有而席捲以去，輕則匿於檔頭火長校尉之手，重則官與瓜分"。被訪拿的一入獄門，便無生理，"五毒備嘗，肢體不全。其最酷者曰琵琶，每上百骨盡脫，汗下如水，死而復生，如是者二三次，荼酷之下，何獄不成"[8]。

其提人則止憑駕帖，弘治元年（1488）刑部尚書何喬新奏："舊制提人，所在官司必驗精微批文，與符號相合，然後發遣。近者中外提人，只憑駕帖，既不用符，真偽莫辨，奸人矯命，何以拒之？"當時雖然明令恢復批文提人的制度，可是錦衣旗校卻依舊只憑駕帖拘捕。[9]正德初周璽所說："邇者皇親貴幸有所奏陳，陛下據其一面之詞，即行差官賚駕帖拿人於數百里之外，驚駭黎庶之心，甚非新政美事。"[10]便是一個例子。

東廠的體制，在內廷衙門中最為隆重。凡內官奉差關防皆曰某處內官關防，惟東廠篆文為"欽差監督東廠官校力事太監關防"[11]。《明史》記"其隸役皆取給於衛，最輕巧儇佶者乃充之。役長曰檔頭，帽上銳，衣青素褲褶，繫小縧，白皮靴，專主伺察。其下番子數人為幹事，京師亡命誆財挾仇視幹事者為窟穴，得一陰事，由之以密白於檔頭，檔頭視其事大小先予之金，事曰起數，金曰買起數。既得事，帥番子至所犯家，左右坐曰打椿，番子即突入執訊之無有左證符牒，賄如數徑去，少不如意，榜治之名曰乾酢酒，亦曰搬罾兒，痛楚十倍官刑，且授意使牽有力者，有力者予多金即無事，或靳不予，予不足，立聞上，下鎮撫司獄，立死矣。"對於行政官吏所在，也到處派人伺察："每月旦，廠役數百人掣籤庭中，分瞰官府。"有聽記坐記之別，"其視中府諸處會審大獄，北鎮撫司拷訊重犯者曰聽記，他官府及各城門緝訪曰坐記"。所得秘密名為打事件，即時由東廠轉呈皇帝，甚至深更半夜也可隨時呈進，"以故事無大小，天子皆得聞之，家人米鹽猥事，宮中或傳為笑譫，上下惴惴，無不畏打事件者"[12]。

錦衣衛到底是比不上東廠親近，報告要用奏疏，東廠則可以直達。以此，廠權就高於衛。

東廠的淫威，試舉一例。當天啟時，有四個平民半夜裏偷偷在密室喝酒談心。酒酣耳熱，有一人大罵魏忠賢，餘三人聽了不敢出聲。罵猶未了，便有番子突入，把四人都捉去，在魏忠賢面前把發話這人剝了皮，餘三人賞一點錢放還，這三人嚇得魂不附體，差一點變成瘋子。

錦衣衛獄即世所稱詔獄，內北鎮撫司專領。北鎮撫司本來是錦衣衛指揮使的屬官，品秩極低，成化十四年（1478）增鑄北司印信，一切刑獄不必關白本衛，連衛所行下的公事也可直接上請皇帝裁決，衛指揮使不敢干預，因之權勢日重。[13] 外廷的三法司（刑部、大理寺、都察院）不敢與抗。嘉靖二年（1523），刑科給事中劉濟上言：“國家置三法司以理刑獄，其後乃有錦衣衞鎮撫司專理詔獄，緝訪於羅織之門，鍛煉於詔獄之手，裁決於內降之旨，而三法司幾於虛設矣。”[14] 其用刑之慘酷，有非人類所能想像，沈德符記：“凡廠衞所廉謀反殺逆及強盜等重辟，始下錦衣之鎮撫司拷問，尋常止曰打着問，重者加好生二字，其最重大者則曰好生着實打着問，必用刑一套，凡十八種，無不試之。”[15] 用刑一套為全刑，曰械，曰鐐，曰棍，曰拶，曰夾棍，五毒備具，呼號聲沸然，血肉潰爛，宛轉求死不得。[16] 詔獄“室卑入地，牆厚數仞，即隔壁號呼，悄不聞聲，每市一物入內，必經數處檢查，飲食之屬十不能得一，又不得自舉火，雖嚴寒不過啖冷炙披冷衲而已。家人輩不但不得隨入，亦不許相面。惟於拷問之期，得 於堂下相見”[17]。天啟五年（1625）遭黨禍被害的顧大章所作《獄中雜記》裏說：“予入詔獄百日而奉旨暫發（刑）部者十日，有此十日之生，並前之百日皆生矣。何則，與家人相見，前之遙聞者皆親證也。”拿詔獄和刑部獄相比，竟有天堂地獄之別。瞿式耜在他的《陳時政急著疏》中也說：“往者魏崔之世，凡屬凶綱，即煩緹騎，一屬緹騎，即下鎮撫，魂飛湯火，慘毒難言，苟得一送法司，便不啻天堂之樂矣。”[18] 被提者一入撫獄，便無申訴餘地，坐受榜掠。魏大中《自記年譜》：十三日入都繫錦衣衞東司房，二十八日許顯純崔應元奉旨嚴鞠，許既迎二魏（忠賢、廣微）意，構汪文言招辭而急斃之以滅口。對簿時遂斬斬如兩造之相質，一拶敲一百，穿梭一夾，敲五十板

58

子，打四十棍，慘酷備至，而抗辨之語悉閟不得宣。""六君子"被坐的罪名是受熊廷弼的賄賂，有的被刑自忖無生理，不得已承順，希望能轉刑部得生路，不料結果更壞，廠衛勒令追贓，"遂五日一比，慘毒更甚。比時累累跪階前，詬垢百出，裸體辱之，弛杻則受拶，弛拶則受夾，弛拶與夾則仍戴杻鐐以受棍，創痛未復，不再宿復加榜掠。後訊時皆不能跪起荷桎梏，平臥堂下"[19]。終於由獄卒之手秘密處死，死者家人至不知其死法及死期，葦席裹屍出牢戶，蟲蛆腐體。六君子是楊漣、左光斗、顧大中、袁化中、周朝瑞、顧大章，都是當時的清流領袖、朝野表率，為魏忠賢臣所忌，天啟五年（1625）相繼死於詔獄。

除了在獄中的非刑以外，和廠衛互相表裏的一件惡政是廷杖，錦衣衛始自明太祖，東廠為明成祖所創設，廷杖卻是抄襲元朝的。

在元朝以前，君臣之間的距離還不十分懸絕，三公坐而論道，和皇帝是師友，宋朝雖然臣僚在殿廷無坐處，卻也還禮貌大臣，絕不加以非禮的行為，"士可殺不可辱"這一傳統的觀念，上下都能體會。蒙古人可不同了，他們根本不了解士的地位，也不能用理論來裝飾殿廷的莊嚴。他們起自馬上，生活在馬上，政府中的臣僚也就是軍隊中的將校，一有過錯，拉下來打一頓，打完照舊辦事，不論是中央官、地方官，在平時，或是在戰時，臣僚捱打是家常便飯，甚至中書省的長官，也有在殿廷被杖的記載。明太祖繼元而起，雖然一力"復漢宮之威儀"，摒棄胡俗胡化，對於杖責大臣這一故事，卻習慣地繼承下來，著名的例子，被杖死的如親侄大都督朱文正、工部尚書薛祥、永嘉侯朱亮祖父子，部曹被廷杖的如主事茹太素。從此殿陛行杖，習為祖制，正德十四年（1519）以南巡廷杖舒芬等百四十六人，死者十一人，嘉靖三年（1523）以大禮之爭廷杖豐熙等百三十四人，死者十六人。循至方面大臣多斃杖下，幸而不死，犯公過的仍須到官辦事，犯私仇者再下詔獄處死。[20] 至於前期和後期廷杖之不同，是去衣和不去衣，沈德符說：“成化以前諸臣被杖者皆帶衣裹氈，不損膚膜，然猶內傷困臥，需數旬而後起，若去衣受笞，則始於逆瑾用事，名賢多死，今遂不改。”[21] 廷杖的情形，據艾穆所說，行刑的是錦衣官校，監刑的是司禮監：“司禮大璫數十輩捧駕帖來，首喝曰帶上犯人來，每一喝則千百人一大喊以應，聲震甸服，初喝跪下，宣駕帖杖吾二人，着實打八十棍，五棍一換，總之八十棍換十六人。喝着實打，喝打閣上棍，次第凡四十六聲，皆大喊應如前首喝時，喝閣上棍者閣棍在股上也。杖畢喝踩下去，校尉四人以布袱曳之而行。”[22] 天啟時萬璟被杖死的情形，樊良材撰《萬忠貞公傳》說：“初璟劾魏璫疏上，璫恚甚，矯旨廷杖一百。褫斥為民。彼一時也，緹騎甫出，群聚蜂擁，繞舍騾禽，飽恣拳捧，摘髮捉肘，拖杳摧殘，曳至午門，已無完膚。迨行杖時逆璫領小豎數十輩奮袂而前，執金吾（錦衣衛指揮使）止之曰留人受杖，逆璫眩目監視，倒杖張威，施辣手而甘心焉。杖已，血肉淋漓，奄奄待盡。”

　　廷杖之外，還有立枷，創自劉瑾，錦衣衛常用之：“其重枷頭號者至三百斤，為期至二月，已無一全。而最毒者為立枷，不旬日必絕。偶有稍延者，命放低三數寸，則頃刻殞矣。凡枷未滿期而死，則守者掊土掩之，俟期滿以請，始奏聞領埋，若值炎暑，則所存僅空骸耳，故談者謂重於大辟云。"[23]

　　詔獄、廷杖、立枷之下，士大夫不但可殺，而且可辱，君臣間的距離愈來愈遠，"天皇聖明，臣罪當誅"，打得快死而猶美名之曰恩譴，曰賜杖，禮貌固然談不到，連主奴間的恩意也因之而蕩然無存了。

三

　　廠衛之弊，是當時人抗議最集中的一個問題，但是毫無效果，並且愈演愈烈。著例如商輅《請革西廠疏》說："近日伺察太繁，法令太急，刑網太密，官校提拿職官，事皆出於風聞，暮夜搜檢家財，初不見有駕帖，人心洶洶各懷疑畏。內外文武重臣，託之為股肱心膂者也，亦皆不安於位。有司庶府之官，資之以建立政事者也，舉皆不安於職，商賈不安於市，行旅不安於塗，士卒不安於伍，黎民不安於業。"[24] 在這情形下，任何人都有時時被捕的危險。反之，真是作惡多端的巨奸大憝，只要能得到宮廷的諒解，更可置身法外。《明史‧刑法志》說："英憲以後，欽恤之意微，偵伺之風熾，巨惡大憝，案如山積，而旨從中下，縱不之問。或本無死理，而片紙付詔獄，為禍尤烈。"明代二祖設立廠衛之本意，原在偵察不軌，尤其是注意官吏的行動。隆慶中刑科給事中舒化上疏只憑表面事理立論，恰中君主所忌，他說："朝廷設立廠衞，所以捕盜防奸細，非以察百官也。駕馭百官乃天子之權，而奏劾諸司責在臺諫，朝廷自有公論。今以暗訪之權歸諸廠衞，萬一人非正直，事出冤誣，是非顛倒，殃及善良，陛下何由知之。且朝廷既憑廠衞，廠衞必委之番役，此輩貪殘，何所不至！人心憂危，眾目睚眦，非盛世所宜有也。"[25] 至於苛擾平民，則更非宮廷所計及，楊漣劾魏忠賢二十四大罪疏中曾特別指出："東廠原以察奸細，備非常，非擾平民也。自忠賢受事，雞犬不寧，而且直以快恩怨，行傾陷，片語違，則駕帖立下，造謀告密，日夜未已。"[26] 甚至在魏忠賢失敗以後，廠衞的權力仍不因之動搖，劉宗周上疏論其侵法司權限，譏為人主私刑，他說："我國家設立三法司以治庶獄，視前代為獨詳，蓋曰刑部所不能決者，都察院得而決之，部院所不能平者，大理寺得而平之，其寓意至深遠。開國之初，高皇帝不廢重典以懲巨惡，於是有錦衣之獄。至東廠緝事，亦國初定都時偶一行之於大逆大奸，事出一時權宜，後日遂相沿而不復改，得與錦衣衞比周用事，致人主有私刑。自皇上御極以後，此曹猶肆羅織之威，日以風聞事件上呈睿覽，輦轂之下，人人重足。" 結果是："自廠衞司譏訪而告奸之風熾，自詔獄及士紳而堂廉之等夷，自人人救過不給而欺罔之習轉盛，自事事仰承獨斷而諂諛之風日長，自三尺法不伸於司寇而犯者日眾。"[27]

廠衞威權日盛，使廠衞二字成為兇險恐怖的象徵、破膽的霹靂，遊民奸棍遂假為恐詐之工具，京師外郡並受荼毒，其禍較真廠衞更甚。崇禎四年（1631）給事中許國榮《論廠衛疏》歷舉例證說：“如綢商劉文斗行貨到京，奸棍趙瞎子等口稱廠衛，捏指漏稅，密擒於崇文門東小橋廟內，詐銀二千餘兩。長子縣教官推升縣令，忽有數棍擁入其寓內，口稱廠衛，指為營幹得來，詐銀五百兩。山西解官買辦黑鉛照數交足，眾棍窺有餘剩在潞綢鋪內，口稱廠衛，指克官物，捉拿王鋪等四家，各詐銀千餘兩……薊門孔道，假偵邊庭，往來如織……至於散在各衙門者，藉口密探，故露蹤跡，紀言紀事，筆底可操禍福，書吏畏其播弄風波，不得不釀金陰餌之，遂相沿為例而莫可問。”[28]崇禎十五年（1642）御史楊仁願疏《論假番及東廠之害》說：“臣待罪南城，所閱詞訟多以假番故稱冤，夫假稱東廠，害猶如此，況其真乎？此由積重之勢然也。所謂積重之勢者，功令比較事件，番役每懸價以買事件，受買者至誘人為奸盜而賣之，番役不問其從來，誘者分利去矣。挾忿首告，誣以重法，挾者志無不逞矣。伏願寬東廠事件而後東廠之比較可緩，東廠之比較緩而番役之買事件與賣事件者俱可息，積重之勢庶可稍輕。”[29]抗議者的理由縱然充分到極點，也不能消除統治者孤立自危的心理。《明史》說：“然帝（思宗）倚廠衛益甚，至國亡乃已。”

民國二十三年一、二月舊稿，

三十三年五月為紀念甲申三百周年重寫於昆明

本文收入 1946 年 5 月生活書店（北平）出版的《歷史的鏡子》。

註　釋

1　王世貞：《錦衣志》。

2、3、5、7、9、12、16、20　《明史·刑法志》。

4　《明史·刑法志》、《明史·職官志》。

6、8　傅維麟：《明書》卷七三。

10　《垂光集》—《論治化疏》。

11　劉若愚：《酌中志》十六。

13　《明史》卷九五。

14　《明世宗實錄》。

15　《野獲編》卷二一。

17　《野獲編》。

18　《瞿忠宣公集》卷一。

19　《明史紀事本末》卷七一。

21、23　《野獲編》卷一八。

22　《熙亭先生文集》四《恩譴記》。

24　《商文毅公集》卷一。

25　《春明夢餘錄》卷六三。

26　《楊忠烈公文集》二。

27　《劉子全書》十六《痛陳時艱疏》、十七《敬循職掌疏》。

28　《春明夢餘錄》卷六〇。

29　《明史‧刑法志三》。

三百年前的歷史教訓

今年，假如我們不太健忘的話，正好是明代亡於外族的三百周年紀念。

歷史是一面鏡子，三百年前，有太多的事情，值得我們追念。

三百年前，當明思宗殉國以後，李自成西定，清人藉吳三桂的嚮導，佔領北平分兵南下的時候，南京小朝廷領袖弘光帝，正在粉飾昇平，興建宮室，大備百官，徵歌選舞，夜以繼日。他的父親死於非命，元配離散不知下落，國君殉國，國土一部分淪於"流寇"，一部分被異族兵威所蹂躪，人民流亡離散，被戰爭所毀滅，被飢餓瘟疫所威脅，覆巢之中無完卵，即使是禽獸也該明白當前危機的嚴重。然而這位皇帝還是滿不在乎，人生行樂耳，對酒當歌，南京淪陷的前夕，他還在排演當代有名的歌劇《燕子箋》！

三百年前，當南京小朝廷覆亡的前夕，清兵迫近江北，流寇縱橫晉陝，民窮財盡，內憂外患交迫的時候。宰相馬士英憑了一點擁立的私恩，獨擅朝權，排斥異己，擯史可法於江北，斥劉宗周、黃道周於田野，迎合弘光帝的私慾，濫費國帑，搜括金帛，賣官鬻爵，鬧得"職方多似狗，都督滿街走！"左良玉舉兵東下，以清君側為名，他才着了急，盡撤防江的軍隊來堵住西兵，給清軍以長驅深入的機會，他寧可亡國於外族，不肯屈意於私爭。到南京淪陷以後，他卻滿載金帛，擁兵到浙江，準備再找一個傀儡皇帝，又富又貴，消遣他的餘年。

　　三百年前，當國家民族存亡繫在一髮的嚴重關頭，過去名列閹黨，作魏忠賢乾兒子，例行逆施，為士大夫所不齒的阮大鋮勾結了馬士英，奉承好了弘光帝，居然作了新朝廷的兵部尚書，綜全國軍政，負江防全責，在大權在握的當兒，他的作為不是厲兵秣馬，激勵士氣，也不是構築工事，協和將帥，相反的他提出分別邪正的政策，他是多年來被擯斥的閹黨，素來和清流對立的，趁時機把所有在朝的東林黨人一一擯斥，代以相反的過去名在逆案的閹黨。他造出十八羅漢五十三參的黑名單，把素所不快的士大夫留在北都不能出來的，和已經逃亡南下的，都依次順列，定以罪名。對付一般讀書人，他也不肯放鬆，咬定他們與東林和左良玉有關，開了名單，依次搜捕。天不如人意，這些計劃都因南都傾覆而擱淺。他只好狼狽逃到浙江，清軍趕到，叩馬乞降，不久又為清軍所殺，結束他不光明的一生。

　　三百年前，當外族鐵蹄縱橫河朔，"流寇"主力恣張晉豫，國破民散，人不聊生的時候，擁兵數十萬虎踞長江上游的左良玉，卻按兵不動，坐觀興亡。他看透了政局的混亂，只要自己能保全實力，捨出一點賄賂當局，自然會加官晉爵，封妻蔭子。在這個看法之下，他不肯用全力來消滅"流寇"，卻用全力來擴充隊伍。政府也仰仗他全力對付"流寇"，不肯調出來對付外敵。駐防在江北的四鎮，又是一種看法，一面用全副精神勾結權要，一面用全副力量來爭奪防區，揚州是東南最繁榮的都會，也就是這些軍閥眼紅的目標。敵人發動攻勢了，他們自己還發動內戰，殺得驚天動地。好容易和解了，指定了任務，北伐的一個被部下暗殺了，全師降敵，其他兩個，清兵一到，不戰而降，只有一個戰死。左良玉的部隊東下，中途良玉病死，全軍都投降了清朝，作征服兩浙閩廣的先頭部隊。

三百年前，當前方戰區的民眾，在被敵人殘殺奴役，焚掠搶劫，輾轉於槍刀之下，流離於溝壑之中的時候，後方的都市，後方的鄉村，卻像另一個世界，和戰爭無關，依然醉生夢死，歌舞昇平，南京的秦淮河畔，盛極一時，豪商富賈，文人墨士，衣香鬢影，一擲千金，畫舫絲歌，窮奢極欲。杭州的西湖，蘇州的閶門，揚州的平山堂，都是集會的勝地，文人們結文社，談八股，玩古董，捧戲子，品評妓女，研究食譜，奔走公堂，魚肉鄉里。人民也在歡天喜地，到處迎神賽佛，踏青賞月，過節過年，戲班開演，萬人空巷。商人依舊在計較錙銖，拿斤掂兩。在戰區和圍城中的，更會居奇囤積，要取厚利。大家似乎都不知道，也不願意知道當前是什麼日子，更發生什麼變局。他們不但是神經麻木，而且患着更嚴重的瘓瘓症。敵人一到，財產被佔奪了，妻女被糟蹋了，伸頸受戮，似乎是很應該的事情。《揚州十日記》和《嘉定三屠記》所描寫的正是這些人物的歸宿，糊裏糊塗過活的結局。

三百年前，從當局到人民，從將軍到文士，都只顧自己的享受，兒女的幸福，看不見國家民族的前途，個人的腐化，社會的腐化，宣告了這個時代的毀滅。雖然有史可法、黃道周、劉宗周、張煌言、瞿式耜、李定國、鄭成功，一些代表民族正氣的人物，卻都無救於國家的淪亡，民族的被奴化！

三百年後，我們想想三百年前的情形，殷鑒不遠，在夏后氏之世。

本文收入 1946 年 5 月生活書店（北平）出版的《歷史的鏡子》。

論五四

在中國歷史上留下輝煌紀錄的五四運動，到今天[1]，屈指已二十六年，人民年年此日舉行紀念，尤其是學生，青年的學生，更熱愛這一天，憧憬這一天，因為這一天是他們自己的日子。

二十六年佔一世紀的四分之一，在中國，三十年為一世，不算太短的時期。當年的青年，過了一世的日子，如今已鬢髮蒼蒼，在岸然的道貌、崇高的地位掩護下，勸告青年應該"明哲保身，勿偏勿枉"了。當年才出生的嬰孩，過了一世的日子，如今也都年富力強，在受大學教育，或者已出校門，為社會服務，為人類爭正義，爭自由，爭解放，爭民主，正走着一世以前的青年所曾走的道路。累得中年人老年人在攢眉蹙額，不是說世風不古，而是慨歎世風之復古了！

上一代的青年在反抗舊傳統，對禮教宣戰，這一代的青年又在反抗上一代的青年，要求自由，要求民主。上一代青年要的是民主和科學，這一代青年所要的還是民主和科學。這一世紀的四分之一，可惜，真如我們中國人的口頭禪"虛度"了。

不，不止是虛度，更使人痛心，更使人傷心的是這二十六年是血的時代，以萬計，以千百萬計的青年們的頭顱，換得了支持民族命運的廿六年，換得了一塊鍍銀描金的什麼什麼招牌，換得了……

"天下有道，庶人不議。"就整個的歷史說，有東漢末季的宦官專政，賣官鬻爵，才引起大學生的清議，以致鬧成黨錮之禍。有建炎時代汪伯彥、黃潛善的朋比亂政，主和誤國，才引起大學生陳東、歐陽澈的上書言事，汪、黃不除，二生被殺，金人長驅南下，宋朝幾乎全部淪亡。有明末的魏忠賢盜政亂國，閹黨橫行，才引起東林黨議。歷代的學生運動都在亡國的前夕，都是對當前的腐爛政治，對誤國的權奸，加以針砭，加以討伐，都是知其不可為而為之，都是被傳名追捕，望門投止，膏身草野，喋血市朝，這種至死不屈，為正義為人民服務的至大至剛的精神，真可以驚天地而泣鬼神，為百世師，為子孫式！

歷史上時代末葉的學生運動，到現在顛倒了過來，在中華民國開國之初，就爆發了史無前例的五四運動，接着是"五卅"，"三一八"，"九一八"，"一二‧九"，以至最近各大學的學生對時局的宣言運動，天真熱誠的青年在為國家民族的前途擔憂着急，食不甘味、寢不安席地在為國事奔走呼號，在為國事而被"自行失足落水"，失蹤。長一輩的上一時代的青年呢？卻腦滿腸肥，溫和地勸導着叫"少安勿躁"，國事我們自有辦法，青年還是讀書第一，不必受人利用。

是的，我們承認老年人中年人站在超然地位，對國家民族的存亡不聞不問，甚而從中漁利，混水摸魚，才使得青年人忍無可忍，挺身而負起安危重任，對時代逆流作無情的鬥爭。青年論政，以至青年問政，都不是正常現象，只有在歷史上，在國家民族發生危機時才有過這種情形。但是我們不僅要問，過去和現在，是誰把局面弄糟的？是誰把水弄渾的？是誰葬送了國家民族的利益？

　　過去的學生運動發生在時代末葉，而當前的學生運動卻和國運同符，這是論五四運動所該深切注意的第一點。

　　其次，我們要究問為什麼會有五四運動？

　　我們明白辛亥革命只是一個狹隘的種族革命，是一個早熟的先天不足的政治革命。結果大清帝國換成中華民國，龍旗改成五色旗，乳臭的溥儀換上老奸巨猾的袁世凱，以至袁世凱的羽翼腹心爪牙馮國璋、段祺瑞、曹錕、徐世昌一伙北洋軍閥的餘孽，名變貌變而質不變。甚至變本加厲而文以現代化的美名。封建的傳統如故，官僚的習氣如故，一家一族的利益如故。人民之被剝削被奴役也亦如故！如故的這一套，大清帝國因之以亡國，中華民國反因之以建國！在這腐爛的局面下，自然而然，民主和科學成為不甘腐爛不甘奴役的青年大眾的呼聲，他們要打倒吃人的禮教，他們要實行思想、學術的自由，人身的解放，從而反對文言，提倡白話，從而接受西洋的新思潮，鍛煉組織新的力量。新的堅強的前進的革命主潮，在這運動展開以後，繼續不斷激起民族解放的思潮，於是而 "五卅"，而 "三一八"，以至 1927 年的大革命，都是以五四為其先導。雖然革命的高潮隨即帶來了反動的逆流，但整個的社會整個的思想界無疑地受到了巨大的影響，激起了空前的變化。

　　因之，我們可以肯定地說，五四運動是繼承辛亥革命，補充辛亥革命的社會的思想的革命。五四運動之所以必然地出現於歷史，是因為辛亥革命的早熟和缺陷。這是論五四運動所應該深切認識的第二點。

時至今日 —— 五四運動以後的二十六年，仍然有學生運動，學生仍然不能緘口結舌，要過問國家民族的存亡安危，而且，風起雲湧，意義比過去更嚴重，規模比過去更闊大，在全世界人類為自由、民主、正義與法西斯作偉大壯烈的生死鬥爭的今天，在中華民族爭取獨立解放而抗戰八年的今天，青年人必然要繼承五四光榮的傳統精神，從反禮教而轉變到反法西斯，反獨裁，要求民主，要求自由，要求解放，配合着全世界的民主潮流，努力於奠定人民世紀的偉業。

在這新局面，史所未有的新局面之下，代表人民的青年，起來要求政治的民主。而且更進一步，要求經濟的民主。要求思想、言論、出版、通訊、集會、結社、居住、演劇的以至最基本的人身自由，要求團結，要求統一，要求配合盟邦，要求整頓革新內政，用全民的力量，驅逐暴敵，還我河山，這是一個莊嚴的歷史任務，也是今日中華民族的唯一生活。

從反封建而轉變為反法西斯，從文化思想的改革轉變到政治的經濟的改革，從歷史走到現實，這是論五四運動所應該深切認識的第三點。

只有用人民的力量才能解決人民本身的問題。只有用人民的力量，才能奠定人民的世紀。

五四以來的血沒有白流，五四的精神永遠存在，在每一個現代青年的胸膛中、腦袋裏！

本文收入 1946 年 5 月生活書店（北平）出版的《歷史的鏡子》。

註　釋

　1　指 1944 年。

軍事趣談

古代的戰爭

　　蘇聯國防部長馬利諾夫斯基在蘇共二十一次代表大會上，諷刺美英戰爭狂人的核戰爭方案說："先生們，你們的手太短了！"

　　現代戰爭廣泛運用科學技術成就，蘇聯的洲際火箭、導彈可以擊中地球上任何一個角落，百發百中；蘇聯的科學技術成就有力地保障了世界和平，使得手太短的戰爭狂人不敢輕於發動毀滅自己的戰爭。

　　手長短說明今天兩大陣營的軍事力量。

　　古代也是如此。在遠距離的殺傷武器發明以前，戰爭是人與人的搏鬥，槍、刀、箭、槊等都是手的延長。戰將和士兵的體力，運用武器的熟練程度，武器的重量，和勇敢、機智的結合，在戰爭中發生作用。

　　在戰爭進行中，士兵和士兵，戰將和戰將搏鬥，面對面地廝殺，往往以傷亡較多的一方無力繼續進行戰鬥而結束戰局。

　　將軍和將軍的廝殺，大戰幾百個回合。甲殺了乙或乙殺了丙，雖然不一定決定戰爭的勝負，但是，在有些場合，卻也起着關鍵性的作用，特別是敵方的主將或驍將陣亡，失去指揮，影響士氣，就非打敗仗不可了。

　　小說和戲文上常常描寫戰爭，除了戰爭雙方的隊伍用幾個戰士作為大軍的象徵以外，戰爭展開的重點通常放在兩方主將的搏鬥上面，這種表現手法是有歷史事實根據的。

在鬥將的場合，有大戰幾百個回合之說，一個回合的意思是交手一次。戰將無論騎將或步將，都得手執武器。兩軍相對，中間有一段距離，雙方同時前進，到了面對面接觸的程度，互用武器殺傷對方，一擊不中，就得退回來，準備第二次的接觸，這樣一進一退，就叫一個回合。在生和死的搏鬥中，手的長短也就是武器的長短、重量是有極重要意義的。長槍、大刀、馬槊等長武器要比用劍、短刀這類短武器更為優越。而更重要的則是使用武器的熟練程度、人的機智，這就要講武藝了。同樣的體力和武器，決定勝負的是武藝。戰將為了保護自己，就得戴盔披甲，一副盔甲份量是很重的，騎將的馬也得披甲，再加上武器本身的重量，沒有極健壯的體力是支持不了的。在有些場合，鬥到相持不下的時候，還得換馬。也有這樣一種情況，戰將本人並未打敗，只因馬力乏了，或者馬受傷了，進退不得，被敵方殺傷，吃了敗仗。"射人先射馬"，就是這個道理。

戰爭時用旗、金、鼓指揮，叫作三官。

旗是管節度的，大將有大纛，指揮全軍，有方面旗：東方碧，南方赤，西白，北黑，中央土，指揮各方。因為人多距離遠，講話聽不見，走馬傳令費時間，就用旗來指揮：中央旗揮動，全軍集合，旗俯即跪，旗舉即起，捲旗銜枚，臥旗俯伏，見敵旗三揮，佈陣旗左右揮。方面旗舉，方面兵急須裝束，旗俯即進，旗豎即住，旗臥即回。召將用皂旗，一點皂旗隊頭集，二點皂旗百人將集，三點皂旗五百人將集，一點一招千人將集。

金、鼓管進退，擊鼓進軍，鳴金退軍。

擊鼓三通共千槌，一通三百三十三槌（一說是三百六十五槌）。行軍平時擂鼓吹角戒嚴，吹角一十二變為一疊，鼓音止，角音動，一晝夜三角三鼓。大將以下都按級別備鼓，遇有緊急事故，先頭部隊擊鼓報警，全軍就進入戰爭準備狀態了[1]。

殺敗敵人以首級論功，是沿襲秦的制度，殺一個敵人賜爵一級來的。

報功和發表戰績時也照例要誇大一番，以一為十，例如殺敵百人，露布上必定要寫千人之類[2]。

帥旗是中軍所在的標識，也是全軍指揮的中心，帥旗一倒，全軍就失去指揮，陷於混亂。以此，奪取敵方的帥旗也就成為古代戰將的主要目標了。

本文原載 1959 年 2 月 18 日《人民日報》第 8 版，署名"劉勉之"。1960 年 6 月收入生活·讀書·新知三聯書店出版的《燈下集》。《燈下集》是吳晗自己編輯的第五本雜文集。

註　釋

1　宋曾公亮：《武經總要》卷二，《通典》卷一五七。

2　《資治通鑒》卷六六。

古代的鬥將

　　兩軍對壘，將和將鬥，叫作鬥將。我國的武打戲有悠久的傳統，武打戲中的鬥將，突出地集中地表現了勇士們的英勇氣概，更是受人歡迎。其實，不止是今天的人們喜歡看鬥將的戲，古代人也是喜歡的。例如司馬光編《資治通鑒》，態度很嚴肅，取材極謹慎，但寫晉將陳安的戰鬥犧牲，卻十分寄與同情。

　　公元 323 年 7 月，晉將陳安被趙主劉曜打敗，帥精騎突圍，出奔陝中。

　　劉曜遣將軍平先等追擊陳安。

　　陳安左手揮七尺大刀，右手運丈八蛇矛，近則刀矛俱發，一殺就是五六個人，遠則左右馳射，邊打邊逃。平先也勇捷如飛，和陳安搏鬥，打了三個回合，奪掉陳安的蛇矛。

　　到天黑了，下着大雨，陳安和幾個親兵只好丟掉馬，躲在山裏。第二天天晴了，趙軍追蹤搜索，陳安被擒犧牲。

　　陳安待將士極好，和將士共甘苦。死後，隴上人民很想念他，為他作壯士之歌，歌詞道：

　　　　隴上壯士有陳安，軀幹雖小腹中寬，愛養將士同心肝，
　　驦驄交馬鐵瑕鞍。七尺大刀奮如湍，丈八蛇矛左右盤，十蕩

十決無當前。戰始三交失蛇矛，棄我驄驄竄岩幽，為我外援
而懸頭；西流之水東流河，一去不還奈子何！

為我外援而懸頭，這是陳安被隴上人民長久思念的道理。司馬光
在北宋對遼和西夏的戰爭中，懷念古代孤軍抗敵的民族英雄，聞鼙鼓
而思將帥，怕也是有所寄託吧。

宋曾公亮《武經總要》也記了幾件鬥將的故事。一是史萬歲。隋
將竇榮定將兵擊突厥，史萬歲到轅門要求參軍，竇榮定早聽說史萬歲
勇敢的聲名，一見大喜。派人告訴突厥，各選一壯士決勝負。突厥同
意，派一騎將挑戰，榮定就派史萬歲應戰。萬歲馳出，斬敵騎而回。
突厥大驚，立刻退軍。

一件是白孝德的故事。史思明攻河陽，使驍將劉龍仙率鐵騎五千
臨城挑戰。龍仙健勇，驕傲輕敵，把右腳放在馬鬃上，破口嫚罵。

唐軍元帥李光弼登城，看敵人情況，對諸將說：“誰能去幹掉
他。”大將僕固懷恩報了名，光弼說：“這不是大將幹的事，看還有
誰去？”大家都推白孝德。

光弼問白孝德要多少兵，孝德說，我一個人就行了。光弼很稱讚
他的勇氣，還問需要什麼，孝德只要五十個騎兵，大軍鼓噪助威。

孝德手挾兩個蛇矛，騎馬過水，劉龍仙見他只一個人，不以為
意，還是把腳放在馬鬃上。稍近，龍仙剛要動彈，孝德搖搖手，好像
叫他別動，龍仙不知其意，也就不動了。孝德對他說：“侍中（光弼

官稱）叫我來講話，沒有別的。"龍仙退卻幾步，還是破口大罵。孝德勒住馬，瞪着眼說："狗賊，你認得我嗎？"龍仙說："誰啊？"孝德說："我是大將白孝德。"龍仙罵："是什麼豬狗！"孝德大叫一聲，持矛躍馬便刺，城上一齊鼓噪，五十騎也跟着衝鋒，龍仙來不及射箭，只好沿堤亂轉，孝德追上，斬首而回。

一是王敬蕘，說他多力善戰，所用的槍、箭都用純鐵製成。槍重三十多斤，摧鋒破敵，都以此取勝。

本文原載 1959 年 2 月 21 日《人民日報》第 8 版，署名 "劉勉之"。1960 年 6 月收入生活 · 讀書 · 新知三聯書店出版的《燈下集》。

鬥將的武藝

戰將和戰將面對面的搏鬥中，武藝起決定作用。

小說戲文裏記着許多回馬槍、奪槊、繝索的故事。

唐玄宗時名將哥舒翰善用回馬槍。他有家奴名左車，十五六歲，很有力氣。哥舒翰每追敵人靠近了，用槍搭敵人的背，大喝一聲，敵人失驚回頭，趁勢刺中喉頭，挑起三五尺摜下，沒有不死的。這時左車便下馬割取首級，每次如此。

唐太宗的大將尉遲敬德善於避槊，每戰，單騎衝入敵陣，敵人的四面攢刺，終不能傷。又會奪敵槊，反刺敵人，出入重圍，往還無礙。

太宗的兄弟齊王元吉也會使槊，看不起敬德，要和他比賽。太宗叫兩人把槊的刃去掉了，光用槊竿相刺。敬德說：「帶刃也不能傷我，不必去。但我的可以去掉。」比的結果，元吉竟不能中。

太宗問他：「奪槊避槊，哪個難些？」敬德說：「奪槊難。」太宗就叫奪元吉的槊。元吉執槊躍馬，一心打算刺殺敬德，不料一會兒功夫，他的槊三次被敬德所奪。元吉以驍勇著名，雖然口頭上十分稱讚，心裏卻非常惱恨，以為丟人。

王世充領步騎數萬來戰，驍將單雄信領騎直追太宗，敬德躍馬大呼，橫刺雄信墜馬，敵軍稍退，敬德護衛着太宗突出敵圍。[1]

長武器畢竟只能近距離面對面廝殺，遠一些就不濟事了。這時，弓箭就起了作用。另外，有一種拋擲式的武器叫綯索。武則天時契丹將李楷固善使綯索和騎射、舞槊，每次衝鋒，都如鶻入鳥群，所向披靡。黃䴥（地名）之戰，唐將張玄遇、麻仁節皆為所綯[2]。

長武器也講究重量，《新唐書》卷一九三《張興傳》："為饒陽裨將，安祿山反，攻饒陽，興擐甲持陌刀，重十五斤，敵人登城，興一舉刀就殺幾個人，敵人很害怕。"《宋史·兵志十一》記一〇〇〇年時神騎副兵馬使焦偓獻盤鐵槊，重十五斤，在馬上揮舞如飛。還有相國寺和尚法山，還俗參軍，用鐵輪撥，渾重三十三斤，頭尾有刃，是馬上格戰的武器。

唐代中期流行用陌刀作戰，最著名的陌刀將是李嗣業，每為隊頭，所向必陷。748年高仙芝攻勃律（國名，在今新疆邊外蘇聯[3]境內。本為東西布魯特人所居。布魯特即勃律），嗣業和郎將田珍為左右陌刀將，吐蕃十萬眾據守娑勒城，據山因水，嗣業領步軍持長刀上山頭，大破敵軍。756年和安祿山香積寺之戰，嗣業脫衣徒搏，執長刀立於陣前大呼，當嗣業刀的人馬都碎[4]。闞棱善用兩刃刀，長一丈，名曰拍刀，一揮殺數人，前無堅對[5]。《裴行儉傳》和《崔光遠傳》也都記有用陌刀作戰的故事。《通鑒》卷二〇二註，陌刀，是大刀，一舉刀可殺數人。《唐六典》說，陌刀是長刀，步兵所用，就是古代的斬馬劍。

本文原載 1959 年 2 月 24 日《人民日報》第 8 版，署名 “劉勉之”。1960 年 6 月收入生活・讀書・新知三聯書店出版的《燈下集》。

註　釋

1　曾公亮：《武經總要・後集九》。

2　《資治通鑒》卷二〇六。

3　此為作者原註。勃律在今克什米爾東部拉達克地區。

4　《舊唐書》卷一〇九。

5　《新唐書》卷九二《闞棱傳》。

詐降和質子

赤壁之戰裏有兩起詐降，一起是曹操教蔡中、蔡和詐降孫權，理由是因為兄長蔡瑁被殺。臨行時曹操對他二人說："二位將軍的寶眷現在荊州，必當妥為照應。"恰也正因為不帶家眷，被黃蓋識破是詐降。一起是黃蓋詐降曹操，用苦肉計，周瑜當着蔡中、蔡和打了黃蓋一頓，曹操果然相信了，吃了火攻的大虧。

投降要帶家眷，曹操教人詐降也要扣留家眷，帶兵官的家眷在封建社會裏歷來是被當作抵押品的。有個專門名詞叫作"質"，和"質任"。

最早見於史書的例子是周鄭交質，鄭莊公作周平王的卿士，平王和虢公要好，鄭莊公不高興，發牢騷，平王再三解釋還不行，只好交換兒子作抵押，周王子狐為質於鄭，鄭公子忽為質於周。一個是王，一個是諸侯，君臣兩人鬧彆扭，只好用交換的抵押品來解決。在當時是個大笑話。[1]但是也說明了另外一種情況，那就是在敵國之間、小國大國之間、弱國強國之間或者是臣對君等等的片面的交納抵押品的行為，是被認為合理合法的。

三國時的例子很多，曹操為張繡所敗後，對諸將說："我降了張繡，錯在沒有取他的'質'，弄到這個地步。吃了這個虧，長了一智，你們看着吧，從今以後，再也不吃敗仗了。"[2]他學到的乖就是取人家的'質'，有了活人抵押作保證，就可以強迫人服從，不敢也不忍造反。遼東公孫淵兄晃在洛陽作質子，公孫淵起兵，晃就被殺。[3]
魏的制度，郡縣分劇、中、平三等，中、平是內地，人民賦役就重一些，邊地近敵的就列為劇，人民賦役輕一些，但是太守要送任子到鄴作抵押。[4] 吳、蜀兩國也是如此。

晉初規定諸將以下部曲督都要送質任或任子。[5]

北宋初年規定，凡是作邊地州郡官的，都要掛名兼任內地的州郡官，只許單身赴任，家眷留在內地任所。[6]

明太祖控制諸將很嚴密，下令："與我取城子的總兵官，妻子俱要在京住坐，不許搬取出外。"[7]

從這些例子可以看出，封建社會裏的軍事首領和帝王對他們的部將和邊地守土官員之間，互相信任的基礎是不存在的，保證一致的辦法是把部將或邊地官員的家眷作抵押品，以取得信任，叫作"委質於人"。曹操要孫權送質子就是這個意思。

本文原載 1959 年 1 月 23 日《人民日報》第 8 版，署名"劉勉之"。1960 年 6 月收入生活‧讀書‧新知三聯書店出版的《燈下集》。

註　釋

1　《左傳‧魯隱公三年》。

2　《三國志·魏志一》。

3　同上，卷八《公孫度傳》，卷二四《高柔傳》。

4　同上，《王觀傳》。

5　《晉書》卷二、三、七。

6　《宋史》卷二七五《譚延美傳》。

7　劉辰：《國初事跡》。

炮

　　下象棋的人都知道用炮，炮是用於遠距離攻擊的。這個"炮"，是用石頭當炮彈的。1952 年北京修建陶然亭公園時，挖出幾個像足球大小的圓石頭，也有像大皮球大小的，看來是北宋攻遼時所用的炮彈。

　　從長武器進一步發展到遠距離殺傷武器的炮，人們的手臂又延伸得長一些了。

　　用石頭作炮彈，用木頭作炮床，應用槓桿的原理，把石彈拋得遠遠的，用以攻城，是中古時代最厲害的武器。炮床的形式、種類，公元 1044 年左右編成的《武經總要》有總結性的紀錄。

　　但是用石炮不始於宋，大體上從公元前五世紀到公元十四、五世紀，有兩千年左右的歷史。

　　相傳公元前五世紀范蠡兵法，飛石重二十斤，為機發行五百步，（文選潘岳《閒居賦》註）三國時有發石車，用機鼓輪發石，飛擊敵城，可以打到幾百步以外 [1]。隋末李密攻洛陽，以機發石，號將軍礮 [2]。唐太宗圍洛陽宮城，用大礮飛石，重五十斤，擲二百步 [3]。公元 645 年李勣攻遼東城，用拋車飛三百斤石於一里之外 [4]。公元 956 年，周世宗攻壽春，視察水寨，過橋的時候，下馬取一石，拿到水寨作礮石，從官也跟着人人搬一塊石頭 [5] 用方舟載礮，從淝水中流攻城 [6]。宋仁宗時儂智高攻廣州，把石頭琢圓為礮，一發就殺幾個人 [7]。宋仁宗很重視這一武器，在京城開封城北，專門修建炮場，親自檢閱練習，又修了一個城西炮場[8]。公元 1126 年金人圍攻開封，取城外宋軍所準備的炮石，立炮架數百攻城，拋擲如雨，宋軍中炮死的日不下數十[9]。劉豫攻大名，用炮車發斷碑殘礎攻城，城上的樓櫓都被打壞，守城將士用盾障身，多被碎首[10]。一直到元朝末年，明徐達圍攻蘇州，叛將熊天瑞教城中作飛礮，城中的木頭石塊都用完了，拆祠廟民居為礮具[11]。明軍也用炮攻城，張士誠的兄弟張士信在城樓上督戰，被礮石打死[12]。

炮彈非用石頭作不可，但在特殊情況下，也有用冰和泥的，如公元 1004 年契丹攻滄州，城中沒有礮石，就用冰代炮石拒守[13] 攻安州，陳規固守，用泥作礮彈，敵人攻不下，只好走了[14]。

在這一千多年中，炮是軍隊攻堅的主要武器，但在公元十世紀左右，應用火藥的火炮也發明了，以後石炮就逐步為火炮所代替。

本文原載 1959 年 3 月 17 日《人民日報》第 8 版，署名"劉勉之"。1960 年 6 月，吳晗在編輯出版《燈下集》時，將那一段時期發表在《人民日報》上的署名"劉勉之"的文章基本全部收入，這篇題為《炮》的文章沒有收入。2009 年 3 月收入中國人民大學出版社出版的《吳晗全集》第九卷。

註　釋

1　《三國志‧魏志》卷二九《杜夔傳》註引傳玄記馬鈞事。

2　《新唐書》卷八四《李密傳》。

3　《資治通鑒》卷一八八。

4　《舊唐書》卷一九九上《高麗傳》。

5　《通鑒》卷二九三。

6　《五代史記》卷三三《劉仁瞻傳》。

7　司馬光：《涑水紀聞》卷一三。

8　《續資治通鑒長編》卷一七七。

9　丁特起：《靖康紀聞》。

10　《宋史》卷四四八《郭永傳》。

11　吳寬：《平吳錄》。

12　《明史》卷一二三《張士誠傳》，劉辰：《國初事跡》。

13　《續資治通鑒長編》卷五七。

14　陸游：《老學庵筆記》卷五。

明代的火器

火藥從中國傳到歐洲、東南亞、日本和世界各地。到十五世紀，中國又從安南（今越南）、葡萄牙、日本等國輸入各種用火藥製成的火器。

明代最早的火器是從安南傳來的，叫作神機槍、炮。

神機槍、炮用熟銅或生、熟赤銅相間鑄造。也有用鐵的，最好的是建鐵，其次是西鐵。大小不等，大的用車發，次和小的用架用椿用托，是當時行軍的要器。明成祖非常重視這個新武器，特別組織了一支特種部隊，叫神機營，並設監槍太監，是京軍三大營之一。

永樂十年（1412）下令從開平到懷來、宣府、萬全、興和等山頂，都安放五個炮架，二十年又增設了山西大同、天城、陽和、朔州等地以禦敵[1]。缺點是臨時裝火藥，一發之復，裝第二發要很多時間。雖然威力大，敵人摸透了情況，臨陣就趴在地下，到神機槍打出之後，立刻衝鋒，火器就無從施展威力了。

古代戰爭是人和人面對面站着打的，有了遠距離的火器以後，就非臥倒、趴在地下不可了。武器的攻時也改變了戰爭的方式方法。同時，在戰爭中戰將和戰士的武藝的比重，也逐漸為使用遠距離的火器的熟練程序所代替了。

第一個幫助明成祖製造神機槍的是安南人黎澄[2]。

佛郎機即今葡萄牙。公元 1517 年葡萄牙商船到廣東通商，白沙巡檢何儒買了他們的炮，就叫這種炮作佛郎機。用銅製造，長五六尺，大的重一千多斤，小的重一百五十斤，巨腹長頸，腹部有長孔，藏子銃五個，裝火藥在腹中，射程達到一百多丈。

公元 1519 年寧王宸濠反，福建莆田鄉官林俊得到消息，連夜派人用錫作了佛郎機的模型和火藥配方，送給統帥王守仁，送到的時候，王守仁已經把宸濠俘擄了，沒有用上。[3] 到公元 1529 年才正式製造，叫作大將軍，發給各邊鎮用於防守[4]。

倭寇侵擾中國，又從日本傳入鳥嘴銃。唐順之記其形制說：

> 佛郎機、子母炮、快槍、鳥嘴銃都是嘉靖時的新武器，鳥嘴銃最後出，也最厲害。銃以銅、鐵為管，用木桿裝管。中貯鉛彈，所擊人馬洞穿。其點放之法，用手握銃，點燃藥線。管背安雌雄兩臬（瞄準器），用眼睛對臬，用臬對準所要射擊的目標，對準了才發射，要打敵人的眉毛鼻子，沒有一失。快於神機槍，準於快槍，是火器中的最好的東西[5]。

宋應星天工開物記鳥銃的製造方法很詳細，說鳥雀在三十步內被銃擊，羽肉皆碎。五十步外方有完形，百步以外，銃力微弱，便不行了。

到明末，又傳入紅夷炮，長兩丈多，重的到三千斤，能夠打穿城牆，聲聞數十里。天啟元年（1621）兵部建議，招寓居澳門，精於火炮的西洋人羅如望、陽瑪諾、龍華民來內地製造銃炮。製成後命名為大將軍，並派官祭炮。1630 年又派龍華民、畢方濟到澳門買炮和招募炮手，西洋人陸若漢、公沙的西勞帶領西洋人多名帶銃炮應募，參加寧遠、涿州等戰役[6]。

現在陳列在北京故宮午門左右闕門的幾尊古老的大炮，就是明清戰爭的遺物。

本文原載 1959 年 3 月 24 日《人民日報》第 8 版，署名"劉勉之"。1960 年 6 月收入生活·讀書·新知三聯書店出版的《燈下集》。

註　釋

1、4　《明史·兵志》。

2　　沈德符：《野獲編》。

3　　王守仁：《陽明集要·文華集三》庚辰書佛郎機遺事。

5　　《荊川外集》卷二條陳薊鎮練兵事宜。

6　　《明史·兵志》；黃伯祿：《正教奉褒》頁十四、十五。

陣圖和宋遼戰爭

在古代，打仗要排陣，要講究、演習陣法。所謂陣法就是野戰的戰鬥隊形和宿營的防禦部署；把隊形、部署用符號標識，製成作戰方案，叫做陣圖。

根據陣圖在前線指揮作戰或防禦的帶兵官，叫做排陣使。

從歷史文獻看，如鄭莊公用魚麗陣和周王作戰，到清代的太平軍的百鳥陣，無論對外對內，無論是野戰，或防禦，都要有陣法。沒有一定的組織形式，幾千人幾萬人一闐而上，是打不了仗的，要打也非敗不可。其中最為人所熟知的是諸葛亮的八陣圖，"功蓋三分國，名成八陣圖"的詩句，一直為後人所傳誦。正因為如此，小說戲劇把陣圖神秘化了，如宋遼戰爭中遼方的天門陣，楊六郎父子雖然勇敢，但還得穆柯寨的降龍木才能破得了。

穆柯寨這齣戲雖然是虛構的，但是就打仗要排陣說，也反映了一點歷史的真實性。從公元 976 年到 1085 年左右，這一百一十年中，北宋歷朝的統治者特別重視陣圖（無論是在這時期以前或以後，關於陣圖的討論、研究、演習、運用，對前線指揮官的控制，和陣圖在戰爭中的作用，都比不上這個時期）。從這一時期的史料分析，北宋的統治者是用陣圖直接指揮前線部隊作戰的，用主觀決定的戰鬥隊形和防禦部署，指揮遠在幾百里以至千里外的前線部隊。敵人的兵力部署、遭遇的地點、戰場的地形、氣候等等，都憑主觀的假設決定作戰方案，即使作戰方案不符合實際情況，前線指揮官也無權改變。照陣圖排陣打了敗仗，主帥責任不大；反之，不按陣圖排陣而打了敗仗，那責任就完全在主帥了；敗軍辱國，罪名極大。甚至在個別場合，機智一點而又有擔當的將領，看出客觀情況不利，不按陣圖排陣，臨機改變隊形，打了勝仗，還得向皇帝請罪。

宋遼戰爭的形勢，兩方的優勢和劣勢，989 年熟悉北方情況的宋琪曾作具體分析，並提出建議。他說："每蕃部南侵，其眾不啻十萬。契丹入界之時，步騎車帳，不從阡陌，東西一概而行。大帳前及東西面差大首領三人各率萬騎，支散遊奕，百十里外，亦交相偵邏，謂之欄子馬。……未逢大敵，不乘戰馬，俟近我師，即競乘之，所以新羈戰蹄，有餘力也。且用軍之術，成列而不戰，俟退而乘之。多伏兵斷糧道，冒夜舉火，土風曳柴，饋餉自齎。退敗無恥，散而復聚，寒而益堅，此其所長也。中原所長，秋夏霖霪，天時也。山林河津，地利也。槍突劍弩，兵勝也。敗豐士眾，力強也。"契丹以騎兵衝鋒為主，宋方則只能憑氣候地利取守勢。以此，他建議"秋冬時河朔州軍，緣邊砦柵，但專守境。"到戎馬肥時，也"守陣坐甲，以逸待勞，……堅壁固守，勿令出戰。"到春天新草未生，陳草已朽時，"蕃馬無力，疲寇思歸，逼而逐之，必自奔北。"最後，還提出前軍行陣之法，特別指出，要"臨事分佈，所貴有權"。[1]宋太宗採納了他一部分意見，沿邊取守勢，作好防禦守備，但要集中優勢兵力，大舉進攻。至於授權諸將，臨事分佈，則堅決拒絕了。

由於宋遼的軍事形勢不同，採取防禦戰術，阻遏騎兵衝擊的陣法便成為宋代統治者所特別關心的問題了。在平時，和大臣研究、討論陣圖，如 987 年并州都部署潘美、定州都部署田重進入朝，宋太宗出御製平戎萬全陣圖，召美、重進及崔翰等，親授以進退攻擊之略。[2] 997 年又告訴馬步軍都虞候傅潛說："佈陣乃兵家大法，小人有輕議者，甚非所宜。我自作陣圖給王超，叫他不要給別人看。王超回來時，你可以看看。"[3] 1000 年，宋真宗拿出陣圖三十二部給宰相研究，第二年又和宰相討論，並說："北戎寇邊，常遣精悍為前鋒，若捍禦不及，即有侵軼之患。今盛選驍將，別為一隊，遏其奔衝。又好遣騎兵出陣後斷糧道，可別選將領數萬騎殿後以備之。"[4] 由此可見這些陣圖也是以防禦敵騎奔衝和保衛後方給養線為中心思想的。1003 年契丹入侵，又和宰相研究陣圖，指出："今敵勢未輯，尤須阻遏，屯兵雖多，必擇精銳，先據要害以制之。凡鎮、定、高陽三路兵，悉會定州，夾唐河為大陣。量寇遠近，出軍樹柵，寇來堅守勿逐，俟信宿寇疲，則鳴鼓挑戰，勿離隊伍，令先鋒、策先鋒誘逼大陣，則以騎卒居中，步卒環之，短兵接戰，亦勿令離隊伍，貴持重而敵騎無以馳突也。"[5] 連遠在河北前線部隊和敵人會戰的地點以及步外騎內的戰鬥部署都給早日規定了。1004 年八月出陣圖示輔臣，十一月又出陣圖，一行一止，付殿前都指揮使高瓊等。[6] 1045 年宋仁宗讀《三朝經武聖略》，出陣圖數本以示講讀官。[7] 又賜輔臣及管軍臣僚臨機抵勝圖。[8] 1054 年賜近臣御製攻守圖。[9] 1072 年宋神宗賜王韶御製攻守圖、行軍環株、戰守約束各一部，仍令秦鳳路經略司鈔錄。[10] 1074 年又和大臣討論結隊法，並令五路安撫使各具可用陣隊法，及訪求知陣隊法者，陳所見以聞 [11]，出攻守圖二十五部賜河北。[12] 1075 年討論營陣法，郭固、沈括都提出意見，宋神宗批評當時臣僚所獻陣圖，以為皆妄相惑，無一可取；並說："果如此輩之說，則兩敵相遇，須遣使預約戰日，擇一寬平之地，仍夷阜塞壑，誅草伐木，如射圃教場，方可盡其法耳。以理推之，知其不可用也決矣。"否定當時人所信從的唐李筌《太白陰經》中所載陣圖，以為李筌的陣圖止是營法，是防禦部署，不是陣法。而採用唐李靖的六花陣法，營陣結合，止則為營，行則為陣，以奇正言之，則營為正，陣為奇，定下新的營陣法。沈括以為"若依古法，人佔地二步，馬四步，軍中容軍，隊中容隊，則十萬人之隊，佔地方十餘里，天下豈有方十里之地，無丘阜溝澗林木之礙者！兼九軍共以一駐隊為籬落，則兵不可復分，如九人共一皮，分之則死，此正孫武所謂靡軍也"。[13] 可見宋神宗的論斷，是採取了沈括的意見的。宋代統治者並以陣法令諸軍演習，如宋仁宗即位後，便留心武備，令捧日、天武、神衞、虎翼四軍肄習戰陣法。[14] 1044 年韓琦、范仲淹請於鄜延、環慶、涇原路各選三軍，訓以新定陣法；於陝西四路抽取曾押戰隊使臣十數人，更授以新議八陣之法，遣往河北閱習諸軍。這個建議被採納了，1045 年遣內侍押班任守信往河北路教習陣法。[15] 到命將出征，就以陣圖約束諸將，如

979 年契丹入侵，命李繼隆、崔翰、趙延進等將兵八萬防禦，宋太宗親授陣圖，分為八陣，要不是諸將臨時改變陣法，幾乎打大敗仗。[16] 1070 年李復圭守慶州，以陣圖授諸將，遇敵戰敗，復圭急收回陣圖，推卸責任，諸將以戰敗被誅。[17]

在宋代統治者講求陣法的鼓勵下，諸將紛紛創製陣圖，如 1001 年王超援靈州，上二圖，其一遇敵即變而為防陣，其一置資糧在軍營之外，分列遊兵持勁弩，敵至則易聚而併力。[18] 1036 年洛苑使趙振獻陣圖。1041 年知并州楊偕獻龍虎八陣圖。青州人趙宇獻大衍陣圖。1045 年右領軍衛大將軍高志寧上陣圖。1051 年涇原經略使夏安期上弓箭手陣圖，1055 年並代鈐轄蘇安靜上八陣圖，1074 年定州路副都總管、馬步軍都虞候楊文廣獻陣圖及取幽燕之策。這個楊文廣就是宋代名將楊六郎的兒子，也就是為人所熟知的穆柯寨裏被俘的青年將領楊宗保。[19]

在作戰時，選拔驍將作排陣使。如 976 年攻幽州，命田欽祚與郭守文為排陣使，欽祚正生病，得到命令，喜極而死。1002 年周瑩領高陽關都部署，為三路排陣使。1004 年澶淵之役，石保吉、李繼隆分為駕前東西都排陣使等等。[20]

由於皇帝事先所製陣圖不可能符合客觀實際情況，統軍將帥又不敢違背節制，只好機械執行，結果是非打敗仗不可。1075 年宋神宗和朝廷大臣研究對遼的和戰問題，張方平問宋神宗，宋和契丹打了多少次仗，其中打了多少次勝仗，多少次敗仗，宋神宗和其他大臣都答不出來。神宗反問張方平，張說："宋與契丹大小八十一戰，惟張齊賢太原之戰，才一勝耳。"八十一仗敗了八十次，雖然失於誇大，但是，大體上敗多勝少是沒有疑問的。打敗仗的原因很多，其中之一是主觀主義的皇帝所製陣圖的罪過。

相反，不憑陣圖，違背皇帝命令的倒可以不打敗仗。道理是臨機應變，適應客觀實際情況。著例如 979 年滿城之戰，李繼隆、趙延進、崔翰等奉命按陣圖分為八陣。軍行到滿城，和遼軍騎兵遭遇，趙延進登高瞭望，敵騎東西兩路挺進，連成一片，不見邊際。情況已經危急了，崔翰等還在按圖佈陣，每陣相去百步，把兵力分散了，士卒疑懼，略無鬥志。趙延進、李繼隆便主張改變陣勢，把原來 "星佈" 的兵力，集中為兩陣，前後呼應。崔翰還怕違背節制，萬一打敗仗，責任更大。趙延進、李繼隆拍胸膛保證，如打敗仗，由他兩人負責。才改變陣勢，兵力集中了，士卒忻喜，三戰大破敵軍。這裏應該特別指出，趙延進的老婆是宋太宗尹皇后的妹子，李繼隆則是宋太宗李皇后的兄弟，兩人都是皇帝親戚，所以敢於改變陣圖，轉敗為勝。[21] 另一例子是 1001 年威虜軍之戰。鎮、定、高陽關三路都部署王顯奉詔於近邊佈陣和應援北平控扼之路。但遼軍並沒有根據宋真宗的 "作戰部署" 行事，這年十月入侵，前鋒挺進，突過威虜軍，王顯只好就地迎擊。剛好連日大雨，遼軍的弓以皮為弦，雨久潮濕，不堪使用，王顯乘之大破敵軍。雖然打了勝仗，還是憂悸不堪，以違背詔命，自請處分。宋真宗親自回信慰問，事情才算結束。[22]

前方將帥只有機械地執行皇帝所發陣圖的責任，在不符合實際客觀情況下，也無權臨機應變，以致造成屢戰屢敗，喪師辱國的局面，當時的文臣武將是很深切了解這一點的，多次提出反對意見，要求不要再發陣圖，給前方統帥以機動作戰的權力。例如 989 年知制誥田錫上疏說："今之禦戎，無先於選將帥，既得將帥，請委任責成，不必降以陣圖，不須授之方略，自然因機設變，觀釁制宜，無不成功，無不破敵矣。……況今委任將帥，而每事欲從中降詔，授以方略，或賜以陣圖，依從則有未合宜，專斷則是違上旨，以此制勝，未見其長。"[23] 999 年，京西轉運副使朱臺符上疏說："夫將帥者王之爪牙，登壇授鉞，出門推轂，闔外之事，將軍裁之，所以克敵而制勝也。近代動相牽制，不許便宜。兵以奇勝，而節制以陣圖，事惟變適，而指蹤以宣命，勇敢無所奮，知謀無所施，是以動而奔北也。"[24] 1040 年三司使晏殊力請罷內臣監軍，不以陣圖授諸將，使得應敵為攻守。[25]同時王德用守定州，也向宋仁宗指出真宗時的失策："咸平景德（時）邊兵二十餘萬，皆屯定武，不能分扼要害，故敵得軼境，徑犯澶淵。且當時以陣圖賜諸將，人皆謹守，不敢自為方略，緩急不相援，多至於敗。今願無賜陣圖，第擇諸將，使應變出奇，自立異功，則無不濟"。[26] 話都說得很透徹，但是，都被置之不理，像耳邊風一樣。其道理也很簡單，一句話就是統治者對爪牙的不信任。最好的證據是以下一個例子。992 年鹽鐵使李惟清建議慎擇將帥，以有威名者俾安邊塞，庶節費用。宋太宗對他說私話："選用將帥，亦須深體今之幾宜。⋯⋯今縱得人，未可便如古委之。此乃機事，卿所未知也"。[27]
由此看來，即使將帥得人，也不能像古代那樣授權給他們，而必須由
皇帝親自節制，陣圖是節制諸將的主要手段，是非要不可的。

王安石和宋神宗曾經幾次討論宋太宗以來的陣圖問題，並且比較
了宋太祖太宗兄弟兩人的御將之道，說得十分清楚。一次是在 1072
年八月：

> 神宗論太宗時用兵，多作大小卷（陣圖）付將帥，御其
> 進退，不如太祖。
>
> 王安石曰：太祖知將帥情狀，故能得其心力。如言郭進
> 反，乃以其人送郭進，此知郭進非反也，故如此。所以如進
> 者皆得自竭也。其後郭進乃為奸人所擠，至自殺。楊業亦為
> 奸人所陷，不得其死。將帥盡力者乃如此，則誰肯為朝廷盡
> 力？此王師所以不復振，非特中御之失而已。
>
> 神宗曰：祖宗時從中御將，蓋以五代時士卒或外附，故
> 懲其事而從中御。
>
> 王安石曰：太祖能使人不敢侮，故人為用，人為用，故
> 雖不中御，而將帥奉令承教無違者，此所以征則強，守則固
> 也。[28]

指出從中御將，頒賜陣圖是懲五代之事，是怕士卒叛變，怕將帥
割據，指出宋太祖雖不中御，而將帥奉令惟謹。反面的話也就是宋太

宗和他以下的統治者，不能使人不敢侮，因之也就越發不放心，只好從中御將，自負勝敗之責了。

另一次討論在第二年十一月：

> 宋神宗問先朝何以有澶淵之事。
>
> 安石曰：太宗為傅潛奏防秋在近，亦未知兵將所在，詔付兩卷文字云，兵數盡在其中，候賊如此，即開某卷，如彼，即開某卷。若御將如此，即惟傅潛王超乃肯為將。稍有才略，必不肯於此時為將，坐待敗衄也。但任將一事如此，便無以勝敵。[29]

連兵將所在、兵數多少也不知道的前方統帥，只憑皇帝所發陣圖作戰。這樣的統帥，這樣的御將之道，要打勝仗是絕對不可能的。這是宋遼戰爭中宋所以屢戰屢敗，不能收復幽燕的原因之一。這也是宋代著名將帥如廣大人民所熟知的楊業，所以遭忌戰死，狄青做了樞密使以後，被人散佈謠言去職憂死的原因。因為這些人都不像傅潛、王超那樣，而是有才略、有決斷、有經驗、有擔當的。同時，這一事實也反映了宋代統治階級內部的深刻矛盾。

本文原載 1959 年 4 月 7 日《新建設》第四期，1960 年 6 月收入生活‧讀書‧新知三聯書店出版的《燈下集》。

註　釋

1　《宋史》卷二六四《宋琪傳》。

2　李燾：《續資治通鑑長編》卷二八。

3　同上，卷四〇。

4　同上，卷四七、四九。

5　同上，卷五四。

6　同上，卷五七、五八。

7　同上，卷一五四。

8　同上，卷一五六。

9　同上，卷一七六。

10　同上，卷二四一。

11　同上，卷二五四。

12　同上，卷二五六。

13　同上，卷二六〇；沈括：《夢溪筆談》。

14　《宋史》卷二八七《兵志一》。

15　《續資治通鑑長編》卷一四九、一五五。

16　同上，卷二〇；曾公亮：《武經總要‧後集三》。

17　《續資治通鑑長編》卷二一四。

18　同上，卷五〇。

19　《宋史》本傳，卷一一八、一三二、一三三、一五七、一七〇、
　　一七九、二五四、二〇七。

20 《續資治通鑑長編》卷二九五，註引陳師道：《談叢》。

21 《宋史》卷二七一《趙延進傳》，卷二五七《李處耘附李繼隆傳》;《續資治通鑑長編》卷二〇;《武經總要‧後集三》。

22 《宋史》卷二六八《王顯傳》。

23 《續資治通鑑長編》卷三〇。

24 同上，卷四四。

25 《續資治通鑑長編》卷一二六;《歐陽修文集》三《晏公神道碑銘》。

26 葉夢得：《石林燕語》九。

27 《宋史》卷二六七《李惟清傳》。

28 《續資治通鑑長編》卷二三七。

29 《續資治通鑑長編》卷二四八。

歷史名人

臥薪嘗膽的故事

　　臥薪嘗膽的故事，發生在公元前 494 到 473 年這二十年間，離開現在已經有兩千四百多年了。

　　我國是一個多民族的國家。兩千四百多年前，在我國的東南部，以現在江蘇省蘇州為中心的有吳國，以浙江省紹興為中心的有越國。吳國的統治者大概是從西北來的，傳說和周王是一個家族。至於越國，那裏的人們"斷髮文身"，頭髮剪得短短的，身上刺着花紋，顯然和吳人是兩個不同的民族。

　　當時的政治形勢，許多國家分立，其中西北的晉國（今山西一帶），南方的楚國（今湖北、湖南、安徽一帶）最為強大。東方的齊國（今山東一帶）曾經很強大，稱霸諸侯，但這時候已經衰落了。晉、楚兩國爭奪領導諸侯的霸權，經常打仗。晉國為了要戰勝楚國，便派人聯絡吳國。越國原來是楚國的一部分，楚國也派人到越國去，例如越王勾踐的謀臣范蠡、文種都是楚國人。相反，楚國殺了伍子胥的父兄，伍子胥逃亡到吳國，作吳國的大將，帶兵打敗楚國。吳、越兩國，吳幫晉國，越幫楚國，在政治上是敵對的兩個國家。

　　在生產上，吳國比越國先進，公元前 585 年吳王壽夢即位以後，吳國日漸強大。第二年晉國的使臣到了吳國，教會了吳人使用兵車和訓練軍隊的方法，勸他們進攻楚國。吳人接受了中原地區的先進的生產技術和文化，和中原諸國的來往也日漸加多了。越國的地勢比較低窪，農業生產也比較落後。

從吳王壽夢到吳王闔閭這九十年間，吳國的生產日益發展，地域日益擴大，從當時許多鑄劍的傳說看來，鐵已經應用到生產上來了，也很可能吳人已經學會了煉鋼的技術，製造成鋒利的寶劍。

公元前 496 年，吳王闔閭帶兵進攻越國，兵敗負傷而死。臨死前要他的兒子夫差為他報仇。

吳王夫差練了三年兵，公元前 494 年大敗越兵，越王勾踐只剩下五千多兵，被圍困在會稽山上，派文種求和，伍子胥主張滅掉越國，勸吳王拒絕，文種用美女珍寶買通了吳王的寵臣太宰嚭，替他求情，伍子胥雖然堅決反對，吳王還是聽信了太宰嚭的話，許和退兵。

越王勾踐夫婦和范蠡被吳國拘囚了三年，勾踐替吳王養馬，受盡了屈辱。最後還是用賄賂通過太宰嚭說服吳王，吳王夫差拒絕伍子胥的諫諍，把越王君臣放回越國。

越王勾踐回國之後，發憤圖強，苦身焦思，夜晚睡在柴草裏，辦事的地方放一個苦膽，經常嚐膽的苦味，也經常告誡自己："你忘掉會稽山的恥辱嗎？"生活刻苦，自己參加農業勞動，夫人織布，吃飯只吃一樣菜，穿的衣服也很樸素。和百姓同甘共苦。對有才德的賢人十分尊重，厚待過往的賓客，百姓有窮困的加以救濟，生病和死亡的親自慰問。和大臣們經常研究討論問題，有好的意見立刻接受。

特別注意農業生產，開墾荒地，充分利用人力，適應農業季節，採用先進生產技術，這樣做的結果，倉庫充實了，百姓有餘糧了，國家富足了。

在經濟發展的基礎上，修改了法律，緩刑薄罰，減少農民的負擔，人民富足了。

為了人口蕃殖，增加人力的來源，法令規定青年人不許娶年紀太大的女人，老年人不許娶青年女子；女孩子十七歲不嫁，男孩子二十歲不娶，父母都要受罰。臨產的派醫生看護；生雙胎男的送一壺酒一隻狗；生雙胎女的送一壺酒一隻豬；生三個的公家給奶媽，兩個的公家給養一個。

經過十年的積極生產，糧食和人口增加了，便轉到軍事訓練方面，號召青壯年參加軍隊，鑄造武器，練習戰陣，更重要的是讓全體人民都明白發憤圖強的道理，"明恥教戰"，上下一心，越國的落後情況完全改變了，後來人總結這二十年的經驗為八個字："十年生聚，十年教訓。"越國成為強國了。

為了孤立吳國，越國採取結齊、親楚、附晉的方針。齊、楚都是吳的敵國；晉國呢，吳國自恃強大，要和晉國爭霸。越國和齊、楚、晉三國都建立友好關係，同時，又對吳國表面上十分尊重，要糧食送糧食，要木材送木材，要美女送美女，使敵人麻痹，失去警惕。

和越王勾踐相反，吳王夫差從戰勝、臣服越國以後，便驕傲自滿起來，自以為十分強大，向北發展，要在中原建立霸主地位。公元前484年，發兵北攻齊國，大敗齊軍。伍子胥反對攻齊，結怨鄰國，吳王逼令自殺。伍子胥死後，吳國朝廷上便再也沒有提不同意見的人了，吳王越發剛愎自用，盡情享樂，政治腐敗，民生困苦。兩年以後，公元前 482 年又親自率領大軍，北上到黃池（今河南封丘縣南）大會諸侯，和晉國爭霸。吳國這些年來，雖然打了多次勝仗，但是軍隊中的精銳部分都已消耗，人民負擔重，過日子很困難，表面上看來很強大，實質上國力卻已經衰弱了。

正當吳軍北上的時候，越王乘虛發兵攻入吳都，俘虜了吳國的太子。吳王趕緊回兵援救，抵抗不住，只好向越國求和。公元前 473 年，越兵攻滅吳國，吳王夫差自殺。替越王說好話的太宰嚭自以為有功，也被越王所殺。越國從此稱霸諸侯，和中原地區的先進生產技術、文化，有了更多的接觸，越國的經濟、文化面貌有了新的發展。一些不同的生活習俗，例如上面提到過的斷髮文身，也相應地改變了。以後，經過長期間的融合，越人就成為漢族的一部分，過去曾經存在過的民族間的差別、隔閡，日益消除，團結成為一個民族了。

正因為歷史上曾經存在過吳、越兩國敵對交戰的史實，所以後來人往往形容敵對關係為"吳越"，例如《孫子》上說："吳人與越人，相惡也。當其同舟濟而遇風，其相救也如左右手。"

越王勾踐立下雄心大志，發憤圖強，他的臥薪嚐膽的故事，兩千多年來為人民所喜聞樂道，成為很著名的有教育意義的優良遺產。

本文原載 1961 年 1 月 11 日《光明日報》。

談曹操

一、談的意義

　　這些天來，一碰見人就談曹操，大家興致很高，甚至在會場上，會前，會後，中間休息的時候，談的都是曹操。有的說他是好人，有的說是壞人，也有人說一半一半，一半好人，一半壞人。議論很多，文章也不少，人人各抒己見。正是春暖花開的時候，有了談曹操這樣一個好題目，學術界也在百花齊放了，春色滿園關不住，好得很。

　　好人壞人的爭論，不止是曹操，歷史上許多人物都有。不止是大人，小孩子也有。小孩看戲，紅臉白臉上場，故事沒看懂，先問這是好人壞人，弄清楚了再決定喜歡哪一個。有些劇中人，憑臉譜可以信口回答，但是一問到曹操，就不是那麼簡單了。

　　歷史上著名人物很多，數不清，也記不清。有些人物儘管大，但是人們還是不熟悉。曹操可不一樣，名氣最大，從北宋一直到今天，數他的熟人多，從小孩到大人，從城市到鄉村，只要聽過故事看過戲的，誰都認得他那副大白花臉。風頭最足，捱罵也最久。"說曹操，曹操就到"這句話，在哪兒都可以聽到。

　　記載曹操事跡的書，主要是《三國志》，但是看的人不很多。自從北宋的講史，說三國故事，元明以來的《三國演義》，清朝後期的三國戲流行以後，曹操便成為婦孺皆知的人物了。印刷術和戲劇事業發展了，識字的人看小說，不識字的人看戲，通過這些，廣大人民吸取了有關祖國發展的歷史知識。文學家和藝術家們逐步地塑造成功現代舞臺上的曹操臉譜，使得曹操這一名字在群眾語言中有了特定的含義。

描寫曹操的小說、戲劇，成功地影響了人民群眾；人民群眾的愛憎又反回來影響了小說、戲劇，這種不斷的反覆影響，曹操在人民群眾中成為定型的人物，壞人的典型。說也奇怪，儘管壞，卻並不討人厭，人們喜歡看曹操的戲。

我們的祖先罵了曹操一千年，如今，我們卻來翻案。

這個案不太好翻，因為“曹操”有悠久的深遠的廣大的群眾基礎，小說和戲文已經替他定了型，換一個臉孔，人家會不認得，戲也不好演。譬如《捉放曹》這齣戲，曹操如改成鬚生出場，便只好和呂伯奢痛飲三杯，對唱一場，拱手而下，沒有矛盾了，動不得武，殺不得人，還成什麼《捉放曹》？

不好翻則不翻之，亂翻把好戲都翻亂了，要不得，我看，舊戲以不翻為好。況且，何必性急，曹操已經捱了一千年的罵，再多捱些年，看來也沒有什麼不可以。而且，還有一個辦法，唱對臺戲，與其改舊戲，何如寫新戲，另起爐灶，新編說曹操好話的戲，新編我們這個時代的曹操戲，有何不可。

另一面，說不好翻，也好翻。我們需要一本好歷史書，歷史上有許許多多問題都需要翻案。應用新的觀點，從歷史事實本身，重新估價曹操在歷史上的地位，肯定他在歷史上的作用，研究曹操，研究三國時代的歷史，發表些文章，寫些書，逐漸改變人民群眾對曹操的看法，不也就翻過來了？

再過些時候，舞臺上的曹操也會跟着起變化，我相信會是這樣的。

從曹操這個人物的重新評價開始，將會引起歷史上其他人物的重新評價，從討論曹操這個人物開始，將會引起人們對祖國歷史的學習興趣，那麼，為什麼不談呢？

二、奸雄、能臣

最早對曹操評論的兩個人，一個是橋玄，一個是許劭。橋玄稱他為命世之才，能安天下。許劭說他是治世之能臣，亂世之奸雄。兩人的說法不同，意思是一樣的，總之，都很佩服他。

奸雄這一鑒定是許劭的創造，後來許多關於曹操的評論，大體和這一創造有關。

這兩句話的意義，第一，治和亂是相對的，能臣和奸雄卻指的是同一個人。第二，無論亂世治世指的都是曹操所處的時代。第三，曹操的人格有兩面性，有能臣的一面，有奸雄的一面，也就是有好的一面、壞的一面，有優點，也有缺點。

我基本上贊成他們的話，認為公道。問題只是一個奸字。

奸是對忠而說的。對誰奸、忠呢？從當時當地的人來說，對象是漢朝皇帝，是劉家。從當時當地漢朝的臣民說，對漢朝、對劉家不忠的是奸臣。但從整個歷史，從此時此地的人來說，一非漢朝臣民，二非漢帝近屬，硬派曹操奸臣帽子，為漢獻帝呼冤，豈非沒有道理之至。

但是，問題也不簡單，儘管過了多少朝代，甚至到了今天，還是有人對曹操奪取劉家政權有意見，豈不可怪。

說怪，其實不怪，其中有個道理。

原來國家這一觀念是近代才形成的，古代的人對國家的觀念並不那樣具體。比較具體的象徵是皇帝，有了皇帝，也就有了政府了，有了法制了，也就會有統一的安定的局面。沒有皇帝，沒有政府，沒有法制，天下就大亂了。因此，忠君愛國四個字總是連用的。要愛國就得忠君，不忠君也就是不愛國，皇帝沒有了，也就失去了忠、愛的對象，也就失去了和平、統一、安定的秩序。至於皇帝是什麼人，什麼樣子，那倒關係不大。重要的是要有一個統一的政府和法制。

從秦始皇統一以來，二世殘暴，統治時間短，秦亡，沒有聽說有人要復秦的。但從漢朝起，情況不同了，劉家統治了幾百年，維持了幾百年和平、統一、安定的生活秩序。在這幾百年中，在人民中建立了這樣一個信念，要生活安定，就得統一，要統一就得要有皇帝，而且只有劉家的才算。王莽也作過皇帝，但是不行，搞得天下大亂。後來劉秀起來了，是劉家子孫，又維持了許多年代。東漢末年，政治腐爛得實在不像話，人民忍受不住，起來鬧革命，黃巾大起義，被政府軍隊和地主武裝殘酷鎮壓，失敗了，造成地主武裝割據地方，連年混戰的局面。到處是屯、塢、堡、壁，這一州，那一郡，這一個軍事集團，那一個軍事集團，打來打去，百姓流離，餓死道路，妻離子散，田疇荒蕪，人民吃夠了苦頭，普遍的要求是統一、安定和平的生活。在這種情況下，漢朝皇帝這一象徵成為人民向心的力量。忠於皇帝也就是愛國。

曹操掌握了漢獻帝這一工具，組織了強而有力的政府，頒佈限制豪強的法令，也就適應了廣大人民要求統一和平的願望，符合了時代要求。當時的中原豪族、衣冠子弟、中小地主都被吸引在曹操周圍，挾天子以令諸侯，造成了瓦解敵人的軍事優勢，壯大了力量，鞏固了統治。同時，通過這一工具的利用，也繼承了漢朝的政治遺產，利用了漢朝的政治機構和人才，逐步建立安定的秩序，頒佈法律，發展生產，得到人民的護擁。

同樣，江東孫權這一家，雖然割據江東，卻還用漢朝官號，用這塊招牌辦事。四川的劉備更是自稱漢朝子孫，用這牌號來罵曹操是國賊。直到曹丕稱帝以後，這兩家才先後稱帝。

以後歷史上，唐朝亡了，少數民族的李存勗還稱唐，宋亡後幾十年，韓林兒起義還冒稱是宋徽宗子孫，明亡了，魯王、桂王還在沿海和西南地區繼續抵抗，並且都取得人民支持，道理就是這樣。

要說曹操挾漢帝就是奸臣，那麼，反過來，曹操不挾，漢朝早完了。曹操用上這塊招牌，從公元196年到220年，漢朝多延續了二十五年。要是曹操不挾，如他自己所說的，正不知有幾人稱帝，幾人稱王，中原地區的分裂割據局面延長了，對人民有什麼好處？

正因為人心思漢，漢家這塊牌號還可以繼續利用，曹操一生不稱帝，周文王是他的榜樣。到曹丕繼位，經過曹操二十多年的經營，內部鞏固了，另一面，吳、蜀一時也打不下來，才摘了舊招牌，另起牌號。

總之，曹操這頂奸雄帽子，是扣死在和漢獻帝的關係上面的。過去九百多年都罵他作奸臣，是由於過去的封建體制、封建道德所起的作用。今天，評價曹操，應該從他對當時人民所起的作用來算賬，是推動時代進步呢，還是相反？

我以為奸雄的奸字，這個帽子是可以摘掉的。這個案是可以翻的。

至於曹操鎮壓黃巾起義的問題，也有不同的意見。鎮壓、屠殺黃巾是壞事，是罪惡。但是，也應該分別來看，第一不能以曹操曾經鎮壓黃巾就否定他在這一時代所曾起的作用；第二曹操的對手劉備和孫家父子都是鎮壓黃巾起家的；人們罵曹操，卻同情劉備，稱孫家父子是英雄，同樣的兇手，祖劉、孫而單罵曹操，這是不公道的。

除此以外，曹操還犯了不少罪，一是攻伐徐州，坑殺男女數萬口於泗水、屠慮、睢陵、夏丘諸縣；二是官渡之戰，坑殺袁紹降卒八萬人；三是以私怨殺崔琰、華佗等人。

至於《捉放曹》殺呂伯奢全家這一件惡名昭著的壞事，倒應該有所分析。據《三國志》註有三說。一是《世語》，說呂伯奢不在，五個兒子在家招待，曹操疑心他們謀害，夜殺一家八人逃走。一是孫盛《雜記》，說是曹操聽見呂家吃飯傢俱響聲，以為要暗害他，就殺人逃走。還自言自語說："寧我負人，無人負我。"《捉放曹》是綜合這兩說編成戲的。其實孫盛的話就有漏洞，人都殺光了，自言自語的兩句話是誰聽見的？第三說是《魏書》，說呂伯奢的兒子和賓客搶劫曹操的馬匹衣物，被曹操殺了幾個人。這一說對曹操最有利，但偏偏不用。從歷史事實說，裴松之是很小心的，把《魏書》的說法引在第一，三說平列，不加論斷。從時代先後說，孫盛是晉朝人，他記的史事一定就比《魏書》正確，也是值得懷疑的。

三、統一的努力

從秦到漢末，四百多年時間，全國的經濟中心是中原地區。不論是農業生產、水利、蠶桑、冶鐵等等方面，都佔全國較大的比重。由於經濟的發展，文化水準也相應地提高，講經學的、文學的、藝術的人才薈萃，漢末的鄭玄、盧植、蔡邕、管寧、邴原等人都是門徒千百數，他們所住的地方，都成為一時的學術中心。政治中心如洛陽、長安、鄴、許都在北方，集中了全國各方面的人才。

東漢後期的政治局面，是以皇帝為中心的統治階級內部的兩個集團的互相傾軋。一個集團是宦官領導的，有些寒門的地主階級分子在他們的周圍，極盛時連名門的人也鑽進去了。另一個是地方豪族、名門和太學生，名望高，人數眾多，卻沒有軍事實力。曹操、袁紹、袁術等人都參加了後一集團。袁紹、袁術家世顯貴，是名門豪族，號召力量很大，曹操的家世雖然有人作官，卻因為出自宦官，算不得名門，有點寒傖，抬不起頭。名門豪族有政治威望，有的要自立門戶，有的勉強敷衍，不肯和他合作。以此，曹操有了軍事實力以後，便有意識地打擊當時的名門豪族，扶植培養寒門子弟和中小地主，作為他依靠的力量。

曹操的軍事力量，主要的是他自己的部曲。公元 189 年他東歸到陳留，散家財，合義兵，陳留孝廉衛茲也以家資幫助，有兵五千人。其中夏侯惇、夏侯淵、曹仁、曹洪等名將都是他的親戚、子弟。其次是各地地主的部曲，如李典從父乾合賓客數千家在乘氏，呂虔將家兵守湖陸，許褚聚少年及家族數千家堅壁，這些地主都是和黃巾作戰的，打不過就投奔到武裝力量較大的曹操這邊來。部曲戰時從征，平時的給養得自己想辦法，不歸郡縣管轄，稱為兵家。另一支較大的兵力叫青州軍，是把黃巾軍改編的。跟他打了二十多年仗，220 年曹操死，青州軍驚惶失措，以為天下又要大亂了，打起鼓來就向東開發，回到老家去，差一點出亂子。

總之，曹操的軍事力量是以部曲為主組成的，部曲首領都是地主，數量最大的是中小地主。

吳、蜀的情況也是一樣。

吳、蜀地區和中原相比，是比較後開發的地區。從漢武帝以後，這兩個地區的經濟情況在逐步上升。黃巾起義以來，中原殘破，中原人士成批地流亡到南邊來，人力的增加和生產技術，文化、學術的傳播都促進了這兩個地區的發展。東吳開發山越地區，政令直達交州，有海口，發展對外貿易；劉蜀安定後方，取得少數民族支持，屯田前線，進可以攻，退可以守。在經濟上文化上都有了很大的進步，可以站得住腳了。

這樣，曹操統一的努力，就遭遇到極大的阻力。打了三十年仗，只能夠完成部分的統一事業。

　　中原地區的農民是渴望統一的，不但是為了安定的秩序和正常的生產，也為的是不打仗了，可以不服兵役，可以減輕軍事供應負擔。上層的文官謀士是要求統一的，不但統一的觀念深入人心，對他們來說，統一也只會帶來好處。部曲主是堅決主張統一的，統一了會更壯大自己的隊伍，提高地位，有利於部曲的給養。農民、豪族、官僚、武將雖然彼此間的利害不同，但是對於統一的要求是一致的。

　　吳、蜀的情況正好相反，換了一個新主人，當地的農民已經有了比較安定的生產環境了。部曲主則堅決反對統一，因為統一的結果將使他們喪失部曲和分地，將使他們送家小到曹操那兒作抵押，離開故鄉故土。吳、蜀的統治者也是一樣，失去統治地位，聽人安排。只有一部分從中原來的文士官僚們，他們在哪兒都作官，投降了還可升官封侯，因之，他們是主張投降的，但數量很少，形成不了一種強大的力量。

　　曹操努力統一全國的事業，雖然得到中原地區人民的支持，但是，面對着吳、蜀的堅決抵抗，終於不能成功。

　　儘管曹操不能及身完成全國統一事業，但是，他畢竟在他所統一的地區做了不少好事，不但安定了秩序，也促進了生產，繁榮了文化，推動了時代進步。

　　和袁紹相比，袁紹是代表大地主階級利益的，曹操正好相反。袁紹寵信審配、逢紀等人，這些有權勢的人拚命搜刮，鄴破時，這些家都被抄家了，家財貨物都以萬數。曹操指責袁紹："袁氏之治也，使豪強擅恣，親戚兼併，下民貧弱，代出租賦，衒鬻家財，不足應命。"他制定制裁豪強兼併之法，並規定收田租畝四升，戶出絹二匹、棉二斤。其他的不許擅興發，責成郡國守相檢察。百姓很高興。

曹操安定冀州的例子，說明了他在中原地區的基本措施。當時農民從大地主的兼併下解放出來，有了定額的租賦，無論如何，比之過去代出大地主租賦，郡國守相要什麼就得供應什麼的情況，是不同了，這對於當時的生產力的發展，無疑是起了很大作用的。

除在政治上抑豪強之外，他還進行了許多增產措施，如屯田，如推廣稻田，改進工具等等。

從公元 196 年開始，曹操大興屯田。募民許下耕種，得穀百萬斛，以後逐步推廣到沛、揚州、淮南、芍陂等地；郡國創制田官，有典農中郎將、典農都尉等，專職領導，自成系統。"五年中倉廩豐實，百姓競勸樂業。"明帝時人追說屯田之利說："建安中倉廩充實，百姓殷足。"屯田的成績不但供應了前線的軍食，還增加了生產，減輕了農民的負擔，節省了農民遠道運輸的勞力。百姓比以前富足了。

和屯田並舉的是推廣稻田。如鄭渾在下蔡，課民耕桑，兼開稻田，又於陽平、沛二郡興陂堨，開稻田，功成後畝歲增租八倍。劉馥在揚州，治芍陂及茹陂、七門、吳塘諸堨，以溉稻田。劉靖在河北，修戾陵渠大堨，灌薊南北，種稻田，邊民蒙利。後來皇甫隆在敦煌，教農民用水灌溉，作耬犁，省了一半勞力，增加了一半收成。

生產工具的改進，如監冶謁者韓暨改馬排為水排，省馬排用馬百匹，利益三倍於前等等。

這些措施都是對人民有利的。

在這基礎上，公元202年，曹操下令興建學校，縣滿五百戶，置校官，也正是在這基礎上，他獎勵文學藝術的創作，招集文士。他自己手不釋書，白天講武，晚上研讀經傳，登高必賦，製造新詩，被之弦管。建安文學的形成，他是有誘掖獎進的功勞的。

在政治上，他也採取抑豪強的方針，東漢兩個最大的家族，袁楊兩家，都是四世作公的。袁家兄弟破滅，楊家楊修有才，又是袁家外甥。孔融是孔子之後，也有重名，都借細故把他們殺了。相反，不是名門大族出身的廣陵陳琳為袁紹作檄文痛罵曹操，連祖宗八代都臭罵一通。後來陳琳投降，曹操對他說："你替袁本初罵人，罵我也就可以了，惡惡止其身，怎麼連祖宗八代都罵起來呢？"陳琳謝罪，也就算了。還重用他，軍國書檄，多出陳琳手筆。

用人只挑才幹，不問門族品德，他有意識地反抗漢末說空話的風氣，幾次下令求賢，提到不管什麼生活不檢點的，即使偷竊、盜嫂的都可以用。如滿寵出身郡督郵，張遼、倉慈、徐晃、龐真、張既都出身郡吏，都做到大官。漢末三公充位，政歸臺閣，秘書（中書）監、令掌管機密，最為親重。劉放、孫資都不是名門大族，用為監、令，曹操極為信任。

曹操有意識地打擊豪門，用人唯才，不管家世，用有才幹的人管機密，作郡國守相，加強了統治機構的力量，也有效地貫徹了他的治國方針，發展了生產，鞏固了統治。從政治制度上說，曹魏的秘書（中書）監、令，一直繼續沿用到元朝。明清兩朝也還受到影響。

曹操這個人的才能是多方面的，他是當時最偉大的軍事家，第一流的政治家，第一流的詩人，此外，他還是藝術家，寫一筆好草字，懂音樂，有很高的文化水平。劉備、孫權都遠不如他。

他對當時人民有很大功績，他推動了歷史進步，在歷史上佔有重要地位。

他也犯了不少罪過，這些罪過排列起來一條條都很大。但就曹操整個事業來說，卻是功大於過。

曹操是個當時傑出的大人物，有功勞，也有罪過，決不是十全十美的完人。十全十美的完人，在歷史上是沒有的。

我的意見是曹操這個歷史人物，在歷史地位上應當肯定，應當在歷史書和歷史博物館中佔有相當的地位。但是，歷史人物的討論不應該和藝術作品中的人物完全等同起來，舊戲中的曹操戲照樣可以演。某些已經定型的曹操戲最好不改，而且，與其改也，毋寧新編，歷史題材多得很，何必專從改舊戲打主意呢？

1959 年 3 月 13 日

本文收入 1960 年 6 月生活 · 讀書 · 新知三聯書店出版的《燈下集》。

論《赤壁之戰》裏的魯肅

最近上演的新編京劇《赤壁之戰》，改得好，改得妙。

公元 208 年冬天的赤壁之戰，是歷史上有名的一次大會戰。這一仗由於孫權、劉備兩家聯盟，把曹操打敗，定下魏、蜀、吳三國三分鼎峙之局。直到公元 280 年，西晉平吳，中國才又重新統一。這七十二年的分裂局面是和赤壁之戰直接有關的，這一仗之所以特別受到人們重視，道理也就在這裏。

詩人歌詠："東風不與周郎便，銅雀春深鎖二喬。"詞人懷古："大江東去，浪淘盡千古風流人物。"小說家描寫這一戰役，三國演義一共一百二十回，赤壁之戰就佔了八回。戲劇家把它寫成群英會，搬上舞臺，成為三國戲中最受歡迎的劇碼之一。通過小說和戲文，曹操、劉備、孫權、諸葛亮、魯肅、周瑜、蔣幹這些歷史人物，便有血有肉地保留在廣大觀眾的記憶中，成為人們祖國歷史知識的組成部分，教育意義是很大的。

群英會的內容根據《三國演義》，《三國演義》基本上取材於陳壽的《三國志》，大體上是符合歷史事實的。但是，舊戲也有缺點，第一是把孫、劉聯盟的主謀和組織者魯肅寫成老實而無用的老好人；第二把大政治家的諸葛亮寫成妖裏妖氣的老道；第三把言議英發、雅量高致的周瑜寫得過於褊狹局促；第四把當時傑出的軍事領袖曹操寫得很容易上當受騙，糊塗得可笑。總之，在這些主要人物的性格方面，都不很恰當，不很符合歷史實際的。雖然小說也罷，戲劇也罷，都不等於歷史，可以容許有虛構、假想成分。但是，既然是歷史小說、歷史戲劇，取材比較符合歷史實際而又能夠增加政治意義和藝術氣氛，怕畢竟要好一些吧。

新的《赤壁之戰》首先替魯肅翻了案。

魯肅字子敬，是臨淮東城（今安徽定遠）的大地主，生下來的時候父親就死了，由祖母撫養成人，年輕時就當家作主，這時正值漢末大亂，他散財結士，人緣很好。錢不夠就"摽賣田地"，賑濟窮人。由此可見他年輕時就是一個有主意的人。

周瑜作居巢（原註：今安徽巢縣；編者註：巢縣後改為巢湖市）長，帶幾百人到東城拜訪魯肅，要求接濟軍糧，雖然魯家的田地已經賣了不少，但還存着兩困米，一困三千斛，魯肅隨便指着一困送給周瑜，周瑜很驚異，從此兩人成了好朋友。"指困相贈"的故事很出名，這件事也表明了魯肅不但有主意，而且是有決斷的人。

袁術兵勢強盛，請魯肅作東城長。魯肅看出袁術不成器，成不了事業。便攜帶老弱，率領百多個青年勇士南到居巢投奔周瑜。周瑜介紹魯肅給孫權，魯肅指出當時形勢：一、漢室不可復興；二、曹操力量壯大，消滅不了；三、只能鼎足江東，看形勢發展作打算。孫權極為契重，送他母親東西，安下家業，依然像過去一樣富足。由此可以知道，他不跟袁術跟孫權，看出漢朝必然崩潰，曹操必然代漢的前途，不但有主意，有決斷，而且是個有見識的政治家。

公元 208 年，荊州劉表死，雖然孫劉兩家有世仇，魯肅建議弔喪，觀察形勢。這時劉備新敗，寄寓荊州。他認為如劉備能和劉表二子團結一致，便該和劉備結盟，共拒曹操，如情況相反，另作打算。還必需先走一步，免得被曹操走到前頭。不料魯肅才到夏口，曹操已向荊州，魯肅連夜趕路，才到南郡，劉表子劉琮已經投降曹操，劉備正沒辦法，魯肅乘機勸他和孫權聯兵共同抵抗曹操。劉備很贊成，派諸葛亮作代表到孫權處商議其事，魯肅的目的達到了。由此可見魯肅在曹操取荊州之前，已經定計，和劉備結成軍事聯盟，並且還努力爭取時間，和曹軍賽跑，雖然沒有能夠阻止劉琮投降，卻及時地爭取了劉備，在戰略上壯大了自己的力量，取得了主動。在赤壁戰役中，他是一個決策的人物，是堅決主戰派的首領。

魯肅回來覆命，曹操聲言東下，來信恐嚇，孫權的謀臣都主張投降，只有魯肅反對。這時周瑜出使鄱陽，魯肅勸孫權追還周瑜，拜為都督，魯肅作贊軍校尉（參謀長），大破曹操。

劉備要求都督荊州，魯肅極力勸說孫權，指出力量對比，江東不如曹操；曹操初佔荊州，還沒有鞏固；正好讓劉備佔領，安下家業。這樣，曹操多一敵人，自己卻多一盟軍，最為上策。雖然，孫劉兩家也有矛盾，但畢竟是次要的。這是在當時具體形勢下，最有遠見的策略，假如說，前一階段魯肅聯劉拒曹是三國分立的第一步，那末，借荊州就是奠定三分之局的第二步。

分析漢末形勢和魯肅的階級出身，可以看出江東群臣中，武臣主戰的道理。

　　第一，在漢末農民大起義，到處都圍攻地主莊園的軍事鬥爭中，各地的大地主為了保全自己的家業生命，都組織了武裝力量，散財結士，把中小地主和青壯年農民、佃客用軍法勒為部曲，和起義軍對抗。在軍事力量對比發生變化支持不了的時候，就投奔更大的軍事首領，求得庇護。三國曹操、劉備、孫堅父子等是當時最大的軍事首領，他們的部將大都是帶有部曲的地主武裝首領。部曲的給養由賞賜的奉邑供應，一般的情況下是由子孫繼承的。謀議之臣情況不同，帶着家族門客，卻不一定都有部曲。

　　魯肅、周瑜、黃蓋等武臣都是有部曲的地主武裝首領。他們反抗農民起義，同樣，也反對曹操的統一。因為統一的結果必然要損害他們在當地的經濟和政治地位。相反，江東獨立建國，他們不但可以保持原來的地位，還可以發展壯大。因之，他們的利益和孫權家族的利益是一致的。

　　魯肅在孫權召集諸將會議時，和孫權單獨談話："像我這樣人可以投降，你就不可以，因為我如降了，還可作下曹從事，累官可到州郡。你呢？到哪兒去？"好像是替孫權設想的，其實，這話也正是說他自己，很明顯，不降，魯肅這類人在江東是統治集團最上層的人物；降呢，只能作下曹從事這類小官，聽任擺佈了。

　　第二，為了保全以孫、劉為首的地主階級統治集團的利益，當時的唯一出路是聯盟抗曹。魯肅、周瑜的看法一致，諸葛亮的看法也是如此。這種相同的看法，由於階級利益的一致，也由於當時的鬥爭實際的教訓。關於這一點，王夫之在《讀通鑒論》中有很好的說明。他說：

在漢末群雄的鬥爭中，曹操挾天子，粉碎四面的敵人，成功的道理何在？

道理在群雄的自相誅滅，不能團結。

呂布反覆，忽彼忽此，誰都恨他；袁術和袁紹分立；袁紹又和公孫瓚對立；袁譚袁尚兄弟相殘殺；韓遂和馬超相疑；劉表雖通袁紹，卻坐視袁紹之敗而不救。這樣，群雄自相誅滅，給曹操以勝利的機會。

結果，只剩下孫權、劉備兩家了。這兩家如再自尋干戈，前途就很清楚，不是內部崩潰就是為曹操所滅。

魯肅和諸葛亮結交定計，合力抗曹，是和曹操爭自身存亡，是當時情況下，唯一可能的出路。

本文原載 1959 年 1 月 16 日《人民日報》第 8 版，1960 年 6 月收入生活·讀書·新知三聯書店出版的《燈下集》。

論《赤壁之戰》裏的周瑜、諸葛亮、張昭

《赤壁之戰》（指新編京劇）中，周瑜是個最出色的人物。

周瑜字公瑾，廬江舒人（今安徽廬江），出身於官僚地主家庭，從祖景，景子忠都作漢朝太尉的大官，從父尚丹陽太守，父異作過洛陽令。

他從小就精通音樂，奏樂有闕誤，他就回顧，當時歌唱他："曲有誤，周郎顧。"

二十四歲就在孫策部下，作建威中郎將，領兵二千人，騎五十匹，青年美貌，吳中都叫他作周郎。

和孫策同年。孫堅起兵討董卓，把家眷放在舒，周瑜和孫策友好，騰出一所大房子安頓，登堂拜母，孫策的母親把他當兒子一樣看待。隨孫策攻皖，得喬公兩女，都是國色，孫策娶了大喬，周瑜娶了小喬，兩人又成了親戚。詩人"銅雀春深鎖二喬"是有根據的，只是時間略差一些，銅爵臺成於公元 210 年，後於赤壁之戰三年。

公元 200 年孫策死，周瑜將兵赴喪，以中護軍和長史張昭共掌眾事，此後他就成為江東武將的首領，孫權十分信任。

202 年曹操破袁紹，兵威日盛，寫信給孫權，要求送子弟作質子，謀臣商議不決。周瑜以為一送質子，便受制於人，最多不過落個封侯，有十幾個僕從，幾輛車，幾匹馬的下場。才決定不送質子。

208 年曹操入荊州，得水軍船、步兵數十萬。周瑜指出曹操冒用

兵四患：一、北土未平，馬超韓遂尚在關西，曹操後方受威脅；二，青徐步兵，不習水戰；三，天氣盛寒，馬無藁草；四、北方士眾，不服水土，必生疫病。自請領精兵三萬人，進住夏口，擊破曹操。

周瑜部將黃蓋獻計詐降火攻，曹操船艦相連，首尾相接，正好東南風急，黃蓋放船同時發火，延燒岸上營房，煙炎漲天，曹軍大敗。

這一仗，曹操方面號稱八十三萬，孫權只有三萬人，加上劉備劉琦的部隊也不過五萬人左右，以少敗眾，以弱勝強，在軍事史上寫下光輝的一頁。

當時人對周瑜的評論，劉備說他"文武籌略，萬人之英"。蔣幹稱他"雅量高致，非言辭所能問"。程普以為"與周公瑾交，若飲醇醪，不覺自醉"。孫權痛悼他，以為"有王佐之資，雄烈膽略兼人，言議英發"。《三國志》說他性度恢廓，氣量很大。

赤壁戰後，周瑜領南郡太守，屯江陵，劉備領荊州，屯公安。劉備來見孫權，周瑜建議留下劉備，以為劉備梟雄，又有關羽張飛熊虎之將，必不能久屈為人用，要用美人計，替他大造宮室，多其美女玩好，娛其耳目。分關張各置一方，配備在周瑜等部下，挾以攻戰，大事可定。如割以土地，三人都在一起，恐不可制。議論恰好和魯肅相反。孫權採納了魯肅的政策，為曹操樹敵，為自己結援，也怕劉備制服不了，沒有聽他的話。

由此可見，周瑜和魯肅對聯劉抗曹，在赤壁戰前是完全一致的。在戰後卻有分歧，對聯劉的政策魯肅一貫堅持，周瑜卻主張吞劉自大，這兩派不同的主張，一直反映到以後吳蜀幾十年的和戰關係中，也反映到魏對吳蜀二國的對外關係。

諸葛亮也是官僚地主家庭出身，父親作過太山郡丞，從父是豫章太守。

劉備屯新野，三顧茅廬，問以大計，諸葛亮以為曹操擁百萬之眾，挾天子以令諸侯，不可與爭鋒。孫權據有江東，已歷三代，國險民附，善用賢才，只可為援而不可能消滅他。只有荊益可取。結好孫權，相機北伐，可成霸業。和魯肅的見解，雖然時、地、對象不同，卻完全吻合。

他奉命求救於孫權，用話激孫權拒曹，最後分析曹操兵勢，第一曹操兵雖多，卻遠來疲敝，第二北方之人，不習水戰，第三荊州人民附操，是懾於兵勢，並非心服，第四劉備雖敗，還有關羽水軍精甲萬人和江夏戰士萬人，有相當兵力。只要合力破操，便荊吳之勢強，鼎足之形成矣。和周瑜的論調也大體相似。

正如魯肅堅決主張吳蜀聯盟一樣，諸葛亮在蜀國，一直到他死，堅決貫徹聯吳抗魏的方針，主張和吳國和好結援。

在《赤壁之戰》的反面人物，魯肅的對立面是張昭。這個人物是舊的，但在戲裏卻是新的，添得甚好。

張昭是彭城（今江蘇徐州）人，會寫隸書，治左氏春秋，博覽眾書，是個中原學者。漢末避難渡江，孫策任為長史撫軍中郎將，文武之事，一以委昭。策死，以弟孫權託昭，仍任長史，極被尊重。

在赤壁之戰中，他是個投降派。

《江表傳》說他："孫權稱帝，大會百官，歸功周瑜。張昭剛要說話，孫權攔住他，說："當時要是聽張公的話，現在只好討飯了。"

裴松之有不同的看法，認為張昭的主張從另一方面說，還是有道理的。他以為張昭原不主張鼎足三分，是主張統一的。由此看來，當時形勢，對吳國的地主、官僚來說，分立有利，但對整個歷史，對當時人民來說，曹操的統一，利益更大。另一面，吳蜀分立，對當時東南、西南的開發，也還是有利的。假使沒有赤壁之戰，孫權降曹，劉備孤軍無援，統一的局面不要等到公元 280 年，對當時的人民來說，對生產的發展來說，應該是一件更大的好事。

我看，張昭在《赤壁之戰》中雖然以對立面出現，加強了這個戲的氣氛，但作為歷史人物來說，裴松之的意見還是有些道理的。

最後，把《赤壁之戰》中幾個主要人物的年齡排列一下，也很有趣味。

這一年：孫權二十七歲，諸葛亮二十七歲，周瑜三十四歲，魯肅三十七歲，曹操五十四歲。

吳蜀兩方的統帥，以魯肅的年齡為最大，周瑜次之，但都比曹操小。這一仗不但是劣勢的軍力打敗優勢的軍力，被攻的軍力打敗了進攻的軍力，哀兵打敗了驕兵，並且還是青年打敗了老將。

本文原載 1959 年 1 月 20 日《人民日報》第 8 版，1960 年 6 月收入生活·讀書·新知三聯書店出版的《燈下集》。

談武則天

一

　　武則天（624—705）是我國歷史上一個了不起的人物，對她所處的時代起推進作用的人物。但是，由於封建禮教作怪，她被不少衞道的"正人君子"們所辱罵，名譽不好。郭沫若同志的新作《武則天》五幕歷史劇，替武則天翻了案，我雙手贊成，擁護。

　　本來，我正在研究武則天，用充分的史實肯定武則天在歷史上的地位。這個工作牽涉面很廣，引用史料很多，得要幾個月工夫才能完成。在工作進行中，讀到郭沫若同志《武則天》的初稿和改定稿，非常高興，有話要說，寫《談武則天》。

二

　　《武則天》這個歷史劇中的人物都是實有其人的，所涉及各個人物的故事也都是有文獻根據的，沫若同志盡可能忠實於歷史，做到無一字無來歷，無一事無出處。通過藝術手法，把武則天這個歷史上的偉大政治家的形象更加強化、集中，和現代人見面了。

　　《武則天》歷史劇的主要根據是舊、新《唐書》有關武則天的記載，和裴炎、程務挺、徐敬業、駱賓王、上官婉兒、明崇儼等人的傳，參以司馬光的《資治通鑑》和《全唐詩》、《駱賓王集》等書。

關於裴炎和徐敬業通謀，裴炎又陰謀在成功以後自己做皇帝，這一故事也是有出處的，唐張文成《朝野僉載》卷五：

> 裴炎為中書令，時徐敬業欲反，令駱賓王畫計，取裴炎同起事。賓王足蹈壁靜思食頃，乃為謠曰：一片火，兩片火，緋衣小兒當殿坐。教炎莊上小兒誦之，並都下童子皆唱。炎乃訪學者令解之，召賓王至，數啗以寶物錦綺皆不言，又賂以音樂女伎駿馬亦不語。乃將古忠臣烈士圖共觀之，見司馬宣王，賓王欸然起曰，此英雄丈夫也。即說自古大臣執政多移社稷，炎大喜。賓王曰，但不知謠讖何如耳？炎以謠言片火緋衣之事白，賓王即下，北面而拜曰，此真人矣。遂與敬業等合謀，揚州兵起，炎從內應，書與敬業等合謀，惟有青鵝字，人有告者朝廷莫之能解。則天曰，此青字十二月，鵝者我自與也。遂誅炎，敬業等尋敗。

司馬宣王即司馬懿。這段故事司馬光是看到的，收在《資治通鑑考異》[1]裏，但他不相信，認為"此皆當時構炎者所言耳，非其實也"。不管怎樣，當時有過這樣的傳說，則是可以肯定的。

關於裴炎這個人的評價，除了兩《唐書》以外，明朝末年人王夫之《讀通鑑論》二十一說他：

自霍光行非常之事，而司馬懿、桓溫、謝晦、傅亮、徐羨之託以仇其私。裴炎贊武氏，廢中宗，立豫王，亦其故智也。不然，惡有嗣位兩月，失德未彰，片言之妄，而為之臣者遽更置之，如僕隸之任使乎？炎之不自揣也，不知其權與奸出武氏之下，倍蓰而無算。又謂豫王立而己居震世之功，其欲僅如霍氏之秉權與懿、溫之圖篡也，皆不可知。然時可為則進而窺天位，時未可，抑足以壓天下而永其富貴。豈意一為武氏用，而豫王浮寄宮中，承嗣、三思先己而為捷足也哉！其請反政豫王也，懿、溫之心，天下後世有目有心者知之，而豈武氏之不覺耶？家無顏石之儲，似清；請反政於豫王，似忠；從子伷先忘死以訟冤，似義。以此而挾滔天之膽，解天子之璽綬，以更授一人，則其似是而非者，視王莽之恭儉，誠無以過。而武氏非元后，己非武氏之姻族，妄生非分之想，則白晝攫金，見金而不見人，其愚亦甚矣。

不止是這些主要人物和故事有出處，連次要人物也是有根據的，如劇中的趙道生殺明崇儼，見《通鑑》卷二○二，洛陽的宮殿名稱是根據徐松的《唐兩京城坊考》的。

三

我對武則天的看法。

我認為武則天是歷史上偉大的政治家，從她參與政權到掌握政權的五十年中，繼承和鞏固並且發展了唐太宗貞觀治世的事業，足食安民，知人善用，從諫如流，發揚文化，為下一代培養了人才，下啟唐玄宗開元時代的太平盛世，就唐朝前期歷史說是個承先啟後的人物，就整個我國歷史說，她也是封建統治者中的傑出的人物。

　　不說別的，單就她在位時期，文獻上還沒有發現大規模農民起義的記載這一點來看，和歷史上任何王朝，任何封建統治者統治時期是有所區別的。這一點說明當時的人民是支持她、愛戴她的。宋朝人修的《新唐書》罵她罵得很厲害，但是，宋祁在大罵之後，也還是不能不說一句公道話，"僭於上而治於下"。從今天來說，僭不僭不干我們的事，"治於下"三個字卻是武則天的定評。我看，評論武則天要從這一點出發，也就是從政治出發。從她當時對百姓是做好事還是做壞事出發，她對生產的作用是推進還是阻礙出發。

　　武則天在殺裴炎、程務挺，平定徐敬業以後，曾經召集群臣講過一次話，這番話實質上是對她自己的評價。她說："朕輔先帝逾二十年，憂勞天下。爵位富貴，朕所與也。天下安佚，朕所養也。先帝棄群臣以社稷為託，不敢愛身而知愛人。今為戎首者皆將相大臣，何見負之遽乎？且受遺老臣伉扈難制，有若裴炎乎？世將種，能合亡命，有若徐敬業乎？宿將善戰有若程務挺乎？彼皆人豪，朕能戮之。公等才能過彼，則蚤為之，不然，謹以事朕，無自悔也！"這番話明朝末年人李贄逐段加以批點，"憂勞天下"，批"真"！"天下安佚，朕所養也"，批"真"！"不敢愛身而知愛人"，批"真"！從當時情況看來，武則天這段話確如李卓吾所批的都是真話。

反對她的是些什麼人呢？是一部分老臣宿將和勳貴子孫，她做了皇帝以後呢，是一部分唐朝宗室。她曾經兩次大規模殺人，殺的就是這些人，政治上的反對派。在你死我活的鬥爭中，在封建統治階級內部的激烈鬥爭中，武則天是很堅強果斷的，她消滅了所有反對她的官僚和貴族，其中包括她自己的兒子、女婿、孫子、孫女和孫女婿，不止殺李家人，也殺武家人。道理很簡單，不殺這些人，這些人就會推翻她，不是東風壓倒西風，就是西風壓倒東風。沫若同志的劇本通過太子賢、裴炎等人和武則天的鬥爭，很突出地闡明了這一歷史情況。

她殺了不少李家人，還曾經把第三個兒子英王哲從皇帝寶座撵下來，廢為盧陵王，幽禁在房州十五年，照理說這個兒子應該恨她了，但是不然。公元705年的宮廷政變，武則天下臺，盧陵王作了皇帝，是為唐中宗。同年武則天死。景龍元年（707）二月唐中宗下詔把諸州紀念他重作皇帝的中興寺、觀，一律改為龍興，並禁止說他的再次作皇帝是中興。《唐大詔令集》一一四載他的詔書說：

> 則天大聖皇后思顧託之隆，審變通之數，忘己濟物，從權御宇，四海由其率順，萬姓所以咸寧，唐周之號漸殊，社稷之祚斯永……朕……事惟繼體，義即纘戎……中興之號，理異於茲，宜革前非，以歸事實，自今以後，更不得言中興。

表揚武則天在位時忘己濟物，萬姓咸寧，他是繼承武則天的統治的，不能說是中興。豈但不恨，還十分尊重呢！當時還有人建議"神龍元年（705）制書，一事以上，並依貞觀故事。豈可近捨母儀，遠尊祖德？"意思是說 705 年的命令規定政治措施都要學貞觀時代，也就是廢除則天時代的成規，這是不對的。怎麼可以把近時母親的行政作為拋棄，去學習遙遠的祖父呢？中宗很贊成這個意見，寫信表揚。由此看來，則天時代的某些政治措施是和貞觀時代有所不同的。她根據時代的進展，規定了自己的政策方針。

不止她的兒子，以後唐朝的歷代皇帝也都對她很尊重，沒有說過什麼壞話。

同樣，唐朝的大政治家如陸贄、李絳都對她有很高的評價。陸宣公《翰苑集》十七《請許臺省長官舉薦屬吏狀》說：

> 往者則天太后踐祚臨朝，欲收人心，尤務拔擢，弘委任之意，開汲引之門，進用不疑，求訪無倦，非但人得薦士，亦得自舉其才。所薦必行，所舉輒試。其於選士之道豈不傷於容易哉？然而課責既嚴，進退皆速，不肖者旋黜，才能者驟升。是以當代謂知人之明，累朝賴多士之用。

說她善於用人，嚴於課責，不但當時稱為知人，還培養了下幾代的人才。在另一篇文章中，他把唐太宗和武則天並舉，要當時皇帝"法太宗、天后英邁之風"。李絳也說她用的官雖然稍微多了一些，但“開元中名臣多出其選”。指出開元時代的名臣大多是她培養的。

宋人編的《新唐書》罵武則天很兇，但洪邁卻讚揚她是明主：“漢之武帝，唐之武后，不可謂不明。”[2]明人李贄更稱她為聖后。[3]清人趙翼說她：“納諫知人，自有不可及者……別白人才，主持國是，有大過人者。”還替她分析，回擊那些“正人君子”們對她的惡毒誣衊，他說：“人主富有四海，妃嬪動至千百。后既身為女主，而所寵倖不過數人，固亦無足深怪，后初不以為諱，並若不必諱也。”結論是“區區帷薄不修，固其末節，而知人善任，權不下移，不可謂非女中英主也！”[4]讚揚她是英主，指出她的政治成就是根本的，是主要的，私人生活是末節，是小事，而且，在封建時代，男皇帝可以有千百個小老婆，女皇帝有幾個男寵，又值得什麼大驚小怪呢！這是對武則天最公平的評價。

當然，罵武則天的人更多，特別是明朝人罵得多，罵得狠。例如胡應麟罵她為“逆后”，連她的朝代也罵為“牝朝”。[5]王夫之罵她為“淫嫗”，為“妖淫兇狠之武氏”[6]。專門攻訐她的私人生活，不談政治，只攻一點，不及其餘，這種評論是站不住腳的。

另一種攻擊是女人不該作皇帝，管政治，就像母雞不能司晨，從駱賓王的檄文“偽臨朝武氏”，一直到胡應麟的“牝朝”，都攻的是這一點。這種維護封建秩序、男尊女卑、不許婦女參加政治生活的論調，到今天應該用不着反駁了。相反，我們應該說，武則天不止是一個偉大的政治家，同時她還是歷史上最偉大的婦女！她的一生是戰鬥的一生！當然，武則天決不是十全十美的人物。相反，她是有不少缺點的。例如，她殺了許多政治上的反對派，其中有一些人看來是不應該殺的。此外，當然她也具有一般封建統治者所共有的某些缺點。在這篇短文中，就不一一談到了。

本文原載《人民文學》1960 年 7 月號。1961 年 12 月收入作家出版社出版的《春天集》。《春天集》是吳晗自己編輯的第四本雜文集。

註　釋

1　《資治通鑒》卷二○三。

2　《容齋續筆》五。

3　李贄：《藏書》。

4　《廿二史箚記》卷十九《武后納諫知人》。

5　胡應麟：《少室山房筆叢》。

6　王夫之：《讀通鑒論》。

海瑞罵皇帝

　　在封建時代，皇帝是不可侵犯的，連皇帝的名字都要避諱，一個字不幸成為"御諱"，就得鬧殘廢，不是缺胳膊，就得缺腿。不小心犯了諱，就算犯法，要吃苦頭。小時候念書，楊延朗改作楊延昭，徐勣只能叫徐勣，總鬧不清，後來才明白，有這些講究。至於罵皇帝，那是沒有聽說過的。當然，武王伐紂，罵紂王，李自成起義，罵崇禎皇帝，那是另一回事。因為皇帝不能罵，真有人罵了，卻也痛快。京戲有個賀后罵殿，人們很喜歡看，我看也是這個道理。不過，那是齣戲，人民想罵皇帝而不可得，在戲上罵罵，痛快一下，也是好的。據史書，宋太祖確有個賀后，開封人，人很溫柔，大概不善於罵人。而且，更重要的是她死得早，宋太祖沒有做皇帝以前就死了。皇后是後來追贈的，以此，她並沒有可能罵他的小叔皇帝。真正罵過皇帝，而又罵得非常之痛快的是海瑞。《明史》卷二百二十六《海瑞傳》所載治安疏，是經過修史的人的刪節的，例如他罵嘉靖最厲害的幾句話："如今賦役增於平常，到處如此，陛下破產禮佛，一天比一天厲害，弄到家裏光光的，這十幾年來鬧到極點。天下人民就用你改元的年號'嘉靖'，取這兩個字音說，嘉靖就是家家皆淨，沒有財用也。"這大概是修史的人要替皇帝回護，萬一老百姓都拿年號的同音字來諷刺，那可不是鬧着玩兒的呢。

明世宗作皇帝時間長了，懶得管事，不上朝，住在西苑，成天拜神作齋醮，上青詞。青詞是給天神寫的信，要寫得很講究，宰相嚴嵩、徐階都因為會寫青詞得寵。政治腐敗到極點，朝臣中有人提意見的，不是殺頭，便是革職，監禁，充軍，嚇得官兒沒人敢說話。海瑞在嘉靖四十五年（1566 年）二月上治安疏，針對當時的問題，向皇帝提出質問，要求改革。他說：

　　"你比漢文帝怎麼樣？你前些年倒還做些好事。這些年呢，只講玄修，大興土木。二十多年不上朝，濫給人官做。跟兩個兒子也不見面，人家以為你薄於父子。以猜疑誹謗殺戮臣下，人家以為你薄於君臣。盡住西苑不回宮，人家以為你薄於夫婦。弄得天下吏貪將弱，到處有農民暴動，這種情況，你即位初年也有，但沒有這樣嚴重。現在嚴嵩雖然罷相了，但是沒有什麼改革，還不是清明世界。我看你不及漢文帝遠甚。"

　　嘉靖自比為堯，號堯齋，海瑞說他連漢文帝也不及遠甚，怎麼能不冒火。（何喬遠《名山藏》二十三《海忠介公傳》）接着他又說：

　　"天下的人不滿意你已經很久了，內外臣工誰都知道。

　　"一意玄修，只想長生不老，你的心迷惑了。過於苛斷，你的性情偏了。你自以為是，拒絕批評，你的錯誤太多了。主要的是修醮，為了長生。你看堯、舜、禹、湯、文、武，那個活到現在；你的老師陶仲文教你長生之法，他已經死了，他不能長生，你怎麼能求長生呢？你說上天賜你仙桃、藥丸，那就更怪了，桃藥是用腳走來的嗎？

是上天用手拿着給你的嗎？

"你要知道玄修無益，幡然悔悟，每天上朝，講求天下利害，洗數十年君道之誤，做些好事才是。

"目前的問題是君道不正，臣職不明，這是天下第一件大事，這事不說，別的還說什麼！"

嘉靖看了，大怒，把奏本丟在地下，叫左右立刻逮捕，不要讓他跑了。宦官黃錦在旁邊說："聽說這人自知活不了，已和妻子告別，託人準備後事，家裏的傭人都跑光了，不會逃。此人素性剛直，名聲很大，居官清廉，不取官家一絲一粟，是個好官呢。"嘉靖一聽海瑞不怕死，倒遲疑起來了，又把奏本揀起來，一面讀，一面歎氣，下不了決心。過了好幾個月，想起來就發脾氣，拍桌子罵人。有一天發怒打宮婢，宮婢私下哭着說："皇帝捱了海瑞的罵，卻拿我們來出氣。"嘉靖又派人私下查訪，有誰和海瑞商量出主意，同官的人都怕連累，看到海瑞就躲在一邊，海瑞也不以為意，在家等候坐牢。嘉靖有時自言自語說："這人真比得上比干，不過我還不是紂王。"他叫海瑞是畜物，口頭上和批文上都不叫海瑞的名字。病久了，又有氣，和宰相徐階商量，要傳位給太子，說："海瑞的話都對，只是我病久，怎麼能上朝辦事呢？"又說："都是自己不好，不自愛惜，鬧了這場病，要是能上朝辦事，怎麼會捱這個人的罵。"下令逮捕海瑞下獄，追查主使的人。刑部論處海瑞死刑，也不批覆。過了兩個月，嘉靖死了，新皇帝即位，才放海瑞出來，仍回原職，作戶部主事。

海瑞大罵皇帝，同情他和支持他的人到處都是，他的名聲越來越大了。萬曆十四年（1586）海瑞被人劾奏，青年進士顧允成、彭遵古、諸壽賢替他辯誣申救，文章中說："臣等自十餘歲時，即聞海瑞之名，以為當朝偉人，萬代瞻仰，真有望之如在天上，人不能及者。"這是當時青年人對他的評價。死後，南京人民罷市，喪船過江岸，穿白衣冠送葬的夾岸，奠祭拜哭的百里不絕，這是當時人民對他的評價。

本文原載 1959 年 6 月 16 日《人民日報》第 8 版，署名"劉勉之"。1960 年 6 月，吳晗在編輯出版《燈下集》時，將那一段時期發表在《人民日報》上的署名"劉勉之"的文章基本全部收入，這篇題為《海瑞罵皇帝》的文章沒有收入。2009 年收入中國人民大學出版社出版的《吳晗全集》第四卷。

論海瑞

看過《三女搶板》（或《生死牌》）的人，大概都記得那個挺身出來反對豪強，救了兩家人性命的巡撫海瑞。這是民間流傳關於海瑞的許多故事中的一個。海瑞究竟是什麼樣的一個人呢？

海瑞（1515—1587，明武宗正德十年至神宗萬曆十五年）是我國十六世紀有名的好官、清官，是深深得到廣大人民愛戴的言行一致的政治家。他站在農民和市民的立場上向封建官僚、大地主鬥爭了一生。

明朝人論海瑞

為了了解海瑞，讓我們先看看當時的人們是怎樣評論他的。

總的評論是當時的人民說他好，當時的大地主說他不好。

但是，有點奇怪，反對海瑞的人中間，有不少人也還是不能不稱讚海瑞是好官，是清官，他是為民的，想做好事的，而且，也做了好事。

就明朝人的記載來看海瑞，梁雲龍所作《海瑞行狀》，除了敘述他的清廉，為百姓辦好事的政績以外，並說：

> 嗚呼！公之出、處、生、死，其關於國家氣運，吾不敢
> 知。其學士大夫之愛、憎、疑、信，吾亦不敢知。
> 第以公之微而家食燕私，顯而蒞官立朝，質諸其所著

《嚴師教戒》，一一契券，無毫髮假。孔子所謂強哉矯，而孟子所謂大丈夫乎！古今一真男子也。

論者概其性甘淡薄，有采薇之風，天挺忠貞，有扣馬之節，謂道似伯夷，信矣。然其視斯民由己飢寒，恥厥辟不為堯舜，言動必則古昔，稱先王，蒞官必守祖宗成憲，挫折不磨，鼎鑊不避，即伊尹奚讓？望之如泰山壁立，就之如春風太和，接談無疾言，無遽色，臨難無鬱氣，無忿容，箠楚子弟臧獲，亦不見其厲色嚴聲，即柳下惠奚加？

特其質多由於天植，學未進於時中，臨事不無或過，而臨與不恭，蓋亦有焉。

全面地評價海瑞，指出海瑞是這樣一個人，言行一致，他的日常生活和政治作為，和所著《嚴師教戒》文章對證，一一符合，沒有絲毫的假。是"強哉矯"，是大丈夫，是古往今來一個真男子。

他生活淡薄，性格忠貞，看到百姓的飢寒認為是自己的過失，以他的皇帝不像堯舜那樣為恥辱。一言一動都要說古代如何，先王如何。作官辦事則堅守祖宗朝的成法。不怕挫折，不怕犧牲。又嚴峻，又溫和，談話的時候，說得不太快，也不擺出一副難看面孔，遭遇危難也不表現那樣忿慨抑鬱。連打小孩、打奴婢，也看不到他的厲色嚴聲。像伯夷，像伊尹，像柳下惠。他的本性是天賦的，大概讀的書和當時人不大一樣，作事有時過了一些，窄了一些，以至有些不恭，這些毛病都是有的。

因為海瑞是被攻擊漫罵，死在任上的，所以梁雲龍很含蓄地說，這個人和時代的關係，他的出、處、生、死，和國家的關係如何，我不敢知道。學士大夫（封建統治階級）對他的愛、憎、疑、信，對他的評價到底怎樣，我也不敢知道。

梁雲龍是海瑞的同鄉，海瑞侄女的兒子，和海瑞關係很深，作《行狀》時他在湖廣巡撫任上，最了解海瑞。對海瑞的評價大體上應該是可信的。

此外，王宏誨的《海忠介公傳》對海瑞也是大讚特讚的，但在末後又說上一句："乃海公之砥節礪行，而縉紳（官僚地主階級）又多遺議，何也？"這樣的好官、清官，為什麼官僚地主階級又多說他不好呢？是什麼道理呢？

王宏誨也是海瑞的同鄉，瓊州定安人。海瑞在批評皇帝坐牢以前，王宏誨正在北京，作翰林院庶吉士，海瑞去看他，託其料理後事，關係也很深。

這兩個人是海瑞的親戚、同鄉，也許會有人說他們有偏見。再看何喬遠所作《海瑞傳》，和李贄的《海忠介公傳》，何喬遠和李贄都是福建晉江人，他們的評價和梁雲龍、王宏誨是一致的。清修《明史》，對海瑞一般很稱讚，（王鴻緒《明史稿》和《明史》一樣）末後論斷，也說他："意主於利民，而行事不能無偏云。"用意是為人民謀福利，但是有些偏差。汪有典的《史外》歌頌他的政績以後，又說他：嘗時以為朝廷上的人懦弱無為，都像婦人女子，把人罵苦了。有人恨極了，罵他大奸極詐，欺世盜名，誣聖自賢，損君辱國。他還是不理會。

人民是愛戴海瑞的，他做了半年多應天巡撫（應天府今南京。巡撫是皇帝派遣到地方，治理一個政區的行政長官，巡撫有彈劾地方官吏之權，有指揮駐軍之權，權力很大），罷職的時候，老百姓沿街哭着送別，有些人家還畫了他的像供在中堂裏。死在南京右都御史（中央監察機關的長官）任上的時候，百姓非常哀痛，市面停止了營業，送喪穿戴着白色衣冠的行列，夾着江岸悼祭哀哭的百里不絕。

他晚年到南京作官，被御史（監察官）房寰彈劾，也就是汪有典所引的十六字罪狀，引起了統治集團內部一部分青年知識分子的公憤，提出抗議，向皇帝寫信申救。吏部辦事進士顧允成、彭遵古、諸壽賢這三個人代表這一批人說：

> 南直隸提學御史房寰本論右都御史海瑞，大奸極詐，欺世盜名，誣聖自賢，損君辱國。……朝野聞之，無不切齒抱憤。……不意人間有不識廉恥二字如房寰者。
>
> 臣等自十餘歲時即聞海瑞之名，以為當朝偉人，萬代瞻仰，真有望之如在天上，人不能及者。
>
> 瑞剔歷臚仕，含辛茹苦，垂白之年，終不使廩有餘粟，囊有贏金。

瑞巡撫南畿時，所至如烈火秋霜，搏擊豪強，則權勢斂
跡，禁絕侵漁，則民困立蘇，興水利，議條鞭，一切善政，
至今黃童白叟，皆雅道之。近日起用，海濱無不曰海都堂又
起，轉相告語，喜見眉睫。

　　近在留都，禁絕饋送，裁革奢侈，躬先節儉，以至百僚，
振風肅紀，遠近望之，隱然有虎豹在山之勢，英風勁氣，振江
南庸庸之士風，而濯之以清冷之水者，其功安可誣也。

　　說他們在十幾歲時就知道海瑞是當代偉人，萬代瞻仰的人物。海
瑞作了多年大官，可是生活樸素，頭髮白了，沒剩什麼糧食，也沒
剩什麼錢。作巡撫作為像烈火，像秋霜，打擊豪強，有權勢的人安
分了，禁絕貪污，老百姓可以喘一口氣了。興修水利，貫徹一條鞭新
法，這些好事，到現在地方上的老老小小都還想念他。聽說海都堂又
來了，人們互相告訴，非常喜歡。在南京，他禁止送禮，裁革奢侈，
帶頭節儉，做出榜樣，整頓紀綱，遠近的人看着，有虎豹在山之勢，
英風勁氣，像一股清冷的水，把江南庸庸碌碌的士風都改變了。這樣
的功績，誰能抹殺？

　　房寰的攻擊海瑞，把朝野的人都氣壞了。想不到人世間有不識廉
恥像房寰這樣的人！

　　據後來另一營救海瑞的徐常吉的揭發，彈劾海瑞的房寰是什麼樣
人呢？官是提學御史（管教育的監察官），人呢，是個大貪污犯。海

瑞看到南京官員作風拖拉，偷懶，很不像話，下決心整頓，依明太祖的規矩，把一個犯規的御史打了一頓。御史們怕極了，想法子要趕走這個厲害上司。房寰借出外考試學生的機會，讓兒子和親家大收賄賂，送錢多的就錄取，名聲極壞。怕海瑞彈劾，先下手為強，就帶頭反對海瑞，造謠造得簡直不像話。

鄉官（退休居鄉的官僚）是反對海瑞的，因為鄉官恨他為百姓撐腰，強迫鄉官把侵佔的田地退還百姓。

大地主是反對海瑞的，因為海瑞一輩子貫徹一條鞭法，依新法，徭役的編派，人丁居四分之一，田糧居四分之三，農民人口多，大地主田地多，這樣就減輕了貧農和中農的負擔，大地主佔地多，按地完糧，負擔自然相應加重了，這怎麼能不恨？海瑞一輩子主張清丈，重新丈量田地，把大地主少報的隱瞞的田地都清查出來了，要按地納稅，這怎麼能不恨？

現任官員也不滿意海瑞，因為賦役銀兩實行官收官解以後，省去一道中間剝削，百姓雖然得些便益，衙門裏卻少了一筆收入了，連北京的戶部（管稅收、財政的部）也很不高興。海瑞堅持"此事於各衙門人誠不利，於百姓則為甚利"。至於禁止貪污，送禮，直接損害了現任官員們的利益，那就更不用說了。

從嘉靖（世宗）後期經隆慶（穆宗）到萬曆前期，從海瑞作官之時起，一直到死，這三十多年間，朝廷的首相是嚴嵩、徐階、李春芳、高拱、張居正等人，除了嚴嵩是個大奸臣，李春芳庸庸碌碌以外，其他三個都是有名的宰相，尤以張居正為最。

嚴嵩不必說了，這個人是不會喜歡海瑞的，其他三個名相為什麼也反對這個好官清官呢？

徐階是嚴嵩的政敵，是他指使一批中級官員把嚴家父子參倒的，是他取嚴嵩地位而代之的。因為搞垮嚴嵩，很得人心。嘉靖帝死後，他又代草遺詔（遺囑），革去嘉靖帝在位時一些弊政，名譽很好。但是，這人正是海瑞所反對的鄉愿，凡事調停，自居中間，逃避鬥爭，不肯批評人，遇風轉舵，作事圓滑，總留有後路，不肯負責任做好事，也怕壞事沾了邊，好比中藥裏的甘草，什麼病都可加上一味，治不好，也壞不了。正因為這樣，才能保住祿位，嚴嵩擠他不掉。也正因為這樣，官員們學了樣，成為風氣。海瑞痛恨這種作風，曾經多次提出批評意見。

當海瑞因為批評嘉靖帝坐牢的時候，嘉靖帝很生氣，遲疑了好久，和徐階商量，徐階說了些好話，算是保全了海瑞的生命。嘉靖帝死後，海瑞立刻被釋放，仍舊作戶部主事，不久調兵部，又改任尚寶司丞（管皇帝符璽的官），大理寺丞（管審判的官）。公元 1569 年升南京右通政（管接受文件的官），外任為應天巡撫。

徐階草遺詔改革敝政，是件好事，但是沒有和同官高拱商量，高拱很有意見。又有人彈劾高拱，高拱以為是徐階指使的，便兩下裏結了仇。公元 1567 年有個御史彈劾徐階的弟弟和兒子都是大惡霸，有憑有據，海瑞沒有搞清楚，以為是高拱指使，故意陷害，便和其他朝臣一樣，給皇帝寫信大罵高拱，要求把他罷斥。不久，高拱就免職了。以後又回來作首相，對海瑞當然痛恨。

徐階年紀太老，又得罪了當權的太監，1568年7月告老還鄉。上一年冬天海瑞到南京，1569年6月任應天巡撫。經過近兩年的調查研究，他明白自己偏聽偏信，徐階被彈劾的罪狀是確實的。徐家有田四十萬畝，是江南第一大地主，徐階的弟弟和兒子都是人民所痛恨的大惡霸，大部分田地都是侵佔老百姓的。他一上任就接到無數告徐家的狀子，便立刻下令退田。徐階也知道海瑞不好惹，勉強退出一部分，海瑞不滿意，親自寫信給徐階，一定要退出大半，才能結案。徐階雖然很看重海瑞，但是強迫退田，刺痛了心，恨極了。家人作惡，都有罪證，案是翻不了的。千方百計，都想不出辦法，又忍不了這口氣。最後有人出主意，定下釜底抽薪之計，派人到北京，走新的當權太監的門路，又重賄了給事中（管彈劾的官）嘉興人戴鳳翔，買他出頭彈劾海瑞。戴鳳翔家也是地主，親戚朋友中一些人正在怕海瑞強迫退田。這一來，內外夾攻，戴鳳翔彈劾海瑞支持老百姓，凌虐縉紳，形容老百姓像虎像狼，鄉官像魚像肉，被吃得很慘，"魚肉縉紳"的罪狀，加上有內線作主，硬把海瑞趕出了巡撫衙門。

也正是海瑞任應天巡撫這一年，高拱在年底被召還入內閣（拜相），第二年升次相，1571年5月首相李春芳退休，高拱任首相。

1572年6月，高拱罷相，張居正任首相。

在徐階和高拱的政治鬥爭中，海瑞對這兩個人的看法是不正確的，對徐階只看到他好的一面，對高拱呢，恰好相反，沒有看到他好的一面。許多年後，海瑞自編文集，在罵高拱的信後附記："一時誤聽人言，二公心事均未的確。"改變了對兩人的看法，也承認了自己的錯誤。

1572 年張居正作了首相，一直到 1582 年病死為止。

張居正是 1567 年 2 月入閣的。1569 年海瑞在應天巡撫任上時，他在內閣中是第三名，對海瑞的行政措施不很贊成。雖然張居正在貫徹一條鞭法這一方面和海瑞一致，但是，用行政命令強迫鄉官退田，卻不能同意。寫信給海瑞說：吳中不講三尺法已經很久了，你一下子要矯以繩墨，當然他們受不了，謠言沸騰，聽的人都弄糊塗了。底下說他不能幫什麼忙，很慚愧。意思是嫌海瑞太性急，太過火了。1577 年張居正父親死了，按封建社會禮法，是必須辭官回家守孝的，他不肯放棄權位，叫人說通皇帝，照舊在朝辦事，叫做"奪情"。這一來激怒了那些保衛封建禮法的正人君子們，認為是不孝，紛紛抗議。海瑞名氣大，又敢說敢為，雖然遠在廣東瓊州，蘇州一帶的文人們卻假造了海瑞反對張居正的彈劾信，到處流傳。到後來雖然查清楚和海瑞無關，張居正卻也恨極了海瑞。有人建議重用海瑞，他都反對。

儘管如此，高拱對海瑞的評論說：海瑞做的事，說是都好，不對。說是都不好呢？也不對。對他那些過激的不近人情的地方，不加調停（糾正）是不好的。但是，要把他那些改革積敝、為民作主的地方都改掉了，則尤其不可。張居正也說："海剛峰（剛峰是海瑞的字）

在吳，做的事情雖然有些過當，而其心則出於為民。"

地主階級反對海瑞是當然的，例如何良俊，是華亭（松江）的大地主，父親是糧長，徐階的同鄉。本人是貢生，是個鄉官。他家大概也吃過海瑞的苦頭，對海瑞是有意見的，說海瑞性既偏執，又不能和人商量（不和大地主商量），喜自用。而且改革太快，所以失敗。不說他做的事情好不好，只罵他搞快了。又說海瑞有些風顛，寡深識，缺少士大夫風度。說海瑞只養得些刁詐之人（貧農、中農），至於數百為群，闖門要索，要索不遂，肆行劫奪。若善良百姓（富農、地主），使之詐人，尚然不肯，況肯乘風生事乎！此風一起，士夫之家，不肯買田，不肯放債，善良之民，坐而待斃，則是愛之實陷之死也。怎能說是善政呢？幸虧海公轉任了，此風稍息，但是人心動搖，到今天還沒有安定下來。罵他搞糟了。

何良俊的《四友齋叢說》序文寫於 1569 年，正是海瑞任應天巡撫這一年。他寫的這幾條批評，按語氣應在 1570 年和 1571 年，書大概是這年以後刻的。他儘管站在大地主立場，罵了海瑞，但畢竟不能不說幾句公道話："海剛峰不怕死，不要錢，真是錚錚一漢子！"又說："前年海剛峰來巡撫，遂一力開吳淞江，隆慶四年、五年（1570、1571 年）皆有大水，不至病農，即開吳淞江之力也。非海公肯擔當，安能了此一大事哉！"松江一帶鄉官兼營工商業，海瑞要加以限制，何良俊認為"吾松士大夫工商不可謂不眾矣，民安得不貧哉！海剛峰欲為之制數度量，亦未必可盡非"。

海瑞也還有幾個支持他的朋友，一個是 1565 年入閣的李春芳，第二年升次相，1568 年任首相。海瑞疏浚吳淞江和救災等工作都曾得到李春芳的支持。另一個是朱衡，從任福建提學副使時，就很器重海瑞，後來作吏部侍郎（管銓敘官吏的副部長）推薦海瑞作興國知縣，戶部雲南司主事，到作了工部尚書（管建築工程的部長），還支持海瑞大搞水利。一個是陸光祖，海瑞從興國知縣內調，就是他當吏部文選司郎中（吏部的司長）時的事。

在海瑞閒居家鄉的時候，有些支持他的人，紛紛建議起用。這些人雖然不一定是他的朋友，但在事業上可以這樣說，是同情和崇敬海瑞的。

海瑞是同官僚地主作鬥爭的。既然如此，為什麼官僚地主中又有人稱讚他呢？這一方面是由於海瑞在人民中間的威望，一方面也是由於海瑞的鬥爭究竟還沒有突破封建制度所能容許的限度。海瑞在主觀上和客觀上都還是忠君愛國的，所以何良俊說："海剛峰之意無非為民。為民，為朝廷也。"他和官僚地主有矛盾的一面，但也有一致的一面，因之，有些官僚地主們在大罵、排擠、攻擊之後，也還是說海瑞一些好話。

鬥爭的一生

海瑞的一生是鬥爭的一生，他反對壞人壞事，不屈不撓，從不灰心喪氣，勇敢地把全生命投入戰鬥。

海瑞，廣東瓊山人。先世是軍人。祖父是舉人，作過知縣。父親是廩生，不大念書也不大理家的浪子，在海瑞四歲時便死去了。叔伯四人都是舉人，其中一個中了進士，作過御史。

　　海瑞雖然出生在這樣一個官僚家庭，但家境並不好，祖上留下十多畝田地，光收些租子是不夠過活的。他母親謝氏生性剛直嚴肅，二十八歲死了丈夫，便自己撫育孤兒，做些針線貼補過日子。教兒子讀《孝經》、《大學》、《中庸》這些書。兒子長大了，盡心找嚴厲通達的先生，督責功課很嚴格。

　　這樣，海瑞雖然出身於地主階級，但生活並不寬裕，和窮苦人民接觸的機會多，同情貧農、中農，對大地主有反感。另一面，他受了嚴格的封建教育，遵守封建禮法，在政治上也必然道往古，稱先王，維護封建統治階級的利益。

　　他不是哲學家，但深受王陽明的影響。當時正是王學盛行的時代，師友中有不少人是王派學者。王學的要點除了主要方面是唯心主義以外，還有提倡知行合一、理論和行動一致的積極方面。海瑞也主張德行屬行，講學屬知，德行好的道理也會講得好，真實讀書的人也不肯棄身於小人，知和行決不是兩件事。因此，他一生最恨的是知和行不一致的人，這種人明知是好事而不敢做，明知是壞事而不敢反對，遇事站在中間，逃避鬥爭，甚至腳踏兩頭船，一味講調停，和稀泥。這種人他叫作鄉願，客氣一點叫甘草。在《鄉願亂德》一文中說：“善處世則必鄉願之為而已。所稱賢士大夫，不免正道、鄉願調停行之。鄉愿去大奸惡不甚遠。今人不為大惡，必為鄉愿，事在一時，毒流後世，鄉愿之害如此！”他以為孟子之功，不在禹下，以惡鄉愿為第一。到處揭露鄉愿的罪狀，在坐牢以前，去看同鄉翰林院庶吉士王宏誨，痛心地說：“現在醫國的只一味甘草，處世的只兩字鄉愿。”這時候當國的首相便是徐階。後來他在給徐階的兒子信裏也說：“尊翁以調停國手自許，然調停處得之者少，調停處失之者多。”

在《嚴師教戒》文章中，他指出批評的好處，要求批評，接受批評：“若人能攻我之病，我又能受人之攻，非義友耶？”自問自答，提出作人的標準，不白白活下去的意義：“有此生必求無忝此生，而後可無忝者。聖人我師，一一放而行之，非今所競躓巍科，陟膴仕之謂也。……入府縣而得錢易易焉，宮室妻女，無寧一動其心於此乎？昔有所操，今或為惱惱者一易之乎？財帛世界，無能屹中流之砥乎？將言者而不能行，抑行則愧影，寢則愧衾，徒對人口語以自雄乎？質冕裳而有媚心焉，無能以義自亢乎？參之衣狐貉而有恥心焉，忘我之為重乎？或疚中而氣餒焉，不能長江大河，若浩然而莫御矣乎？小有得則矜能，在人而忌，前有利達，不能無競心乎？諱己之疾，凡有所事，不免於私己乎？穹天地、亙古今而不顧者，終亦不然乎？夫人非無賄之患，而無令德之難。於此有一焉，下虧爾影，上辱爾先矣。天以完節付汝，而汝不能以全體將之，亦奚顏以立於天地間耶？俯首索氣，縱其一舉，而終已於卿相之列，天下為之奔趨焉，無足齒也。嗚呼！瑞有一於此，不如此死！”大意是：人不要白活着，要照着聖人的話，一一學着做。不白活着並不是說要中高科，作大官。你到了府縣衙門，弄錢很容易，好房子、美麗的婦女，你會動心嗎？從前怎麼說的，會動搖嗎？錢財世界，你挺得住嗎？或者只會說可不會做，白天看自己的影子，晚上在床上都覺得慚愧，只會對人說空話充好人？看見大官想巴結，在穿狐皮袍子的人群中覺得自己寒傖，心虛氣餒，說的話不成氣派；小有成績便驕傲起來，別人做了順利的事，便想搶先；掩蓋自己的毛病，幹什麼都存私心；頂天立地的事業，想也不肯想，要知道沒錢不是毛病，沒德才是毛病！這些事只要有這麼一條，便對不住自己，也對不住祖先！上天生你這個人是完全的，但是你把它弄殘缺了，毀了自己，你還有臉活在天地間嗎？做了這些事，即使作到卿相，天下人都為你奔走，也是不值得的。唉！我要是犯了以上任何一條過錯，還不如死的好。"這是他在作縣學教諭時對學生的教約，此後幾十年，他的生活、行事都一一照着檢查自己，照着做，沒有一句話沒有做到。

他是個唯心主義者，認為"君子之於天下，立己治人而已矣。立己治人孰為之？心為之，心自知之。若得失，心自致之。雖天下之理無微不彰"。在教學上學王陽明，把"訓蒙大意"作為教育方針，在行政措施上，也採用了王陽明的保甲法。

中了舉人以後，作福建南平縣學教諭（校長），主張學校是師長教學生的地方，教師有教師的尊嚴，不該向上官磕頭。提學御史到學校來了，別的人都跪下，只有他站在中間，像個筆架，以後得了外號，叫筆架博士。

升任浙江淳安知縣，反對大地主。

淳安山多地少，地方窮苦。地主往往有三四百畝的田產，卻沒有分毫的稅，貧農收不到什麼糧食，卻得出百十畝的稅差。由之富的愈富，窮的就更窮了。徭役也是十分繁重，每丁少的出一兩二錢銀子，多的要十幾兩。弄得"小民不勝，憔悴日甚"。解決的辦法是清丈，根據實有土地面積，重新規定賦役負擔；是均徭，均是按照負擔能力分配，按力量多少分配，沒有力量就不要負擔了。這樣，農民的負擔才減輕了些，地主們可不樂意了。

此外，他還做了不少事，改革了許多敝政。幾年後，他總結經驗，把這些措施編成一部書，叫作《淳安政事》。

特別傳誦一時的有兩件事。

一件是拿辦總督胡宗憲的公子。這位少爺路過淳安，作威作福，吊打驛吏。海瑞沒收他帶的大量銀子，還報告胡總督，此人冒充總督公子，胡作非為，敗壞總督官聲。弄得胡宗憲哭笑不得，只好自認倒楣。

一件是擋了都御史鄢懋卿的駕。鄢懋卿是嚴嵩的黨羽，以都御史奉命出來巡查鹽政，到處貪污勒索，還帶着小老婆，坐五彩輿，地方疲於供應。海瑞撿了鄢懋卿牌告上兩句照例官話，說淳安地方小，容不下都老爺的大駕。牌告說："素性儉樸，不喜逢迎。"但是聽到你以前所到地方，鋪張供應，並不如此。怕是地方官瞎張羅的緣故。一封信把鄢懋卿頂回去，繞道過去，不來嚴州了。

連總督、都御史都敢惹，海瑞的名聲逐漸傳開了。封建時代的老百姓是怕官的，更怕大官。如今居然有不怕大官，敢頂大官的小官，敢替老百姓撐腰說話的小官，這個官自然就得到老百姓的愛戴了。

加上，海瑞很細心，重視刑獄，審案着重調查研究，注意科學證據和人情事理，幾年中平反了幾件冤獄。上官因為他精明，連鄰縣的疑難案件也調他會審了。這些案件的判決書後來都收在文集裏，小說家劇作家選取了一些，加以渲染，幾百年來在舞臺上為人民所欣賞。《大紅袍》、《小紅袍》、《生死牌》、《五彩輿》和一些公案彈詞在民間流傳很廣，叫作公案小說。也正因為公案小說的流傳，海瑞在政治上的作為反而被公案所掩蓋了。

因為得罪了胡宗憲、鄢懋卿，雖然治理淳安的政績很好，還是被排擠調職。1562年海瑞升嘉興通判，鄢懋卿指使黨羽彈劾，降職為江西興國知縣。

在興國一年半，辦了不少好事，清丈了田畝，減少了冗官，減輕了人民的負擔。其中最快人心的事是反對鄉官張鏊。

張鏊作過兵部尚書，在南昌養老享福。張鏊的侄子張豹、張魁到興國買木材，作威作福，無惡不作。老百姓氣苦得很。海瑞派人傳訊，他們倚仗叔父威勢，不肯來。一天忽然又跑到縣衙門大鬧。海瑞大怒，拿下張豹，送到府裏，反而判處無罪。張鏊出面寫信求情，海瑞不理。又四處求情設法，居然這兩個壞蛋搖搖擺擺回家去了。海瑞氣極，寫信向上司力爭，終於把這兩個壞蛋判了罪。

1564 年海瑞作了京官，戶部雲南司的主事（戶部按布政使司分司，雲南司是管這一政區的稅收的）。

兩年以後，他弄清了朝廷的情況，寫信給嘉靖帝，提出嚴厲批評。指斥皇帝迷信道教，妄想長生，二十多年不上朝，自以為是，拒絕批評，弄得君道不正，臣職不明，吏貪將弱，暴動四起。你自號堯齋，其實連漢文帝也趕不上。嘉靖帝看了，氣得發昏，丟在地下，想了又想，又撿起來看，覺得說中了毛病。歎口氣說："這人倒比得上比干，只是我還不是紂王啊！"

海瑞早就準備好後事，連棺材都託人買了。嘉靖帝一聽說這樣，倒楞住了。不過後來還是把他關在牢裏。嘉靖帝死後，海瑞被釋出獄。

1569 年 6 月，海瑞以右僉都御史巡撫應天十府。應天十府包括現在江蘇、安徽兩省大部分地方，巡撫駐在蘇州。

海瑞投身到一場激烈的鬥爭中，他要對大地主，對水災進行鬥爭。

這一年江南遭到嚴重水災，夏秋多雨，田地被淹，糧食漲價，農民缺糧逃亡，情況很不好。

江南是魚米之鄉，號稱全國最富庶的地方。但實際上百姓生活很困苦，因為歷史的關係，糧、差的負擔特別重，加上土地集中的現象這二十年來特別顯著，大地主佔有的土地越多，人民的生活便越困苦。特別是松江，鄉官田宅之多、奴僕之眾，兩京十二省找不出第二個。一上任，告鄉官奪產的老百姓就有幾萬人。"二十年來，府縣官偏聽鄉官、舉人、監生，民產漸消，鄉官漸富。"真是苦難重重，數說不完。

怎麼辦？一面救災，一面治水。

怎麼辦？要大地主退田，還給老百姓；貫徹一條鞭法。

救災採工賑辦法，把賑濟和治水結合起來。鬧災荒糧食不夠吃，請准朝廷，把應該解京的糧食留下一部分當口糧。鬧水的原因，經過親自勘察，是多年來水利不修，吳淞江淤塞了，太湖的水排不出去，一遇特大雨量，便泛濫成災，得立刻疏浚。說做就做，趁冬閒開工，他坐上小船，到處巡視督工，災民一來上工有飯吃，二來工程搞好可以解決水患，變為水利，熱情很高，進度很快，不到一個月就完工了。順帶地把吳淞江北面常熟的白茆河也疏浚了。這兩項工程對人民，對生產好處很大。並且用的錢都是海瑞從各方面張羅來的，沒有加重人民負擔。以此，人民很喜歡，很感激。

這樣，他戰勝了災荒，也興修了水利。

最困難的還是限制大地主的過分剝削。要大地主退還侵佔農民的田地，等於要他們的命，不這樣做，農民缺地無地，種什麼，吃什麼？海瑞採用了擒賊先擒王的辦法，先從松江下手，先拿江南最大的地主鄉官徐階兄弟作榜樣，勒令退田。這一來，鄉官和大地主害怕了，着慌了，有的逃到外州縣躲風頭，有的只好忍痛退田。李贄記載這一件好事，加以總結，讚揚說："海瑞卵翼窮民，而摧折士大夫之豪有力者，小民始忻忻有更生之望矣！"老百姓有活路了，大地主們卻認為是死路。好事才開頭，便被徐階釜底抽薪，海瑞罷職了，賊沒全攫到，反而丟了官，這是海瑞所沒有預料到的，也是封建社會統治階級利益所決定的必然的下場。

解決人民生活問題的關鍵，在海瑞看來，無過於貫徹執行一條鞭法。這個辦法不是海瑞創始的，已經有好幾十年歷史了，並且各地辦法也不盡相同。主要的方面是把過去田賦的各項各款 —— 均徭、力差、銀差、里甲等等都編在一起，通計一省丁、糧，通派一省徭役，官收官解，除秋糧以外，一律改折銀兩交納。簡言之，就是把複雜的賦役制度簡化了，把實物賦稅的大部分改為貨幣賦稅。這個辦法不止可以減輕農民的負擔，還可以增加國家的收入，並且，在經濟發展過程中也是有進步意義的。例如過去南糧北運，由於當時交通困難，運費由農民負擔，往往超過正稅很多，現在改折銀兩，省去昂貴的運輸費用，人民的負擔也就相應減輕了。又如徭役，實行新法以後，不問銀差、力差，只要交了錢，由官府僱工應差，農民也就可以安心生產，不再受徭役的掛累了。這樣做，對生產的促進是有好處的。只是對大地主不大好，因為按照新法，大地主有些地方的負擔，不是減輕，而是加重了，反對的意見很多。海瑞不顧地主們的反對，堅決執行，終於辦成了。成績是田不荒了，人不逃了，錢糧也不拖欠了，生產發展了。當時的人民很高興，很感激。後來史家的記載也說："行條鞭法，遂為永利。"

應該指出，一條鞭法並不是摧毀封建剝削制度的辦法。但是，這個辦法簡化了項目和手續，比較地平均了土地的負擔，特別是減輕了貧農、中農和城市平民的某些負擔，對生產的發展是有益的，因而，也是有民主意義和進步意義的。因此，海瑞是當時人民心目中的好官，是歷史上有地位的政治家。

海瑞只做了七個月巡撫，便被大地主階級撐下臺，在家鄉閒居了十六年。

萬曆十年（1582）6月，張居正死。萬曆十三年，海瑞已經七十二歲了，被薦任用為南京都察院右僉都御史，還沒到任，又調任南京吏部右侍郎。照一般道理說，七十多歲的老人該退休了，但是，他想了又想，好容易才有着實作一點事的機會，雖然年紀大了，精力差了，還是一股子幹勁，高高興興到南京上任。

明朝體制，南京是陪都，雖然也和北京一樣，有五府、六部、都察院等衙門，但不能決定國家大政，是安排年老的和政治上失勢官員的地方，比較清閒。海瑞卻並不因為閒官就無所作為，一到職就改革敝政，把多年來各衙門出票要街道商戶無償供應物品的陋規禁止了。

他說："要南京五城的百姓，負擔南京千百個官員的出入用度，難怪百姓苦了！吏部是六部之首，怎麼能不先想到百姓？"

當時貪污成為風氣，嚴嵩父子雖然垮了，但從宮廷到地方，依然賄賂公行，橫徵勒索。海瑞一輩子反對貪污，從作教官時起，就禁止學生送禮，作縣官革去知縣的常例（攤派在田賦上補貼縣官的陋規，一種合法的貪污）。拒絕給上官行賄，有人勸他隨和一些，他憤然說："全天下的官都不給上官行賄，難道就都不升官？全天下的官都給上官行賄，又難道都不降官？怎麼可以為了這個來葬送自己呢？"又說："充軍也吧，死罪也吧，都甘心忍受。這等小偷行徑，卻幹不得！"知縣上京朝覲，照例可以從里甲、雜項攤派四五百兩銀子以至上千兩銀子，以便進京行賄，京官把朝覲年看成是收租的年頭。海瑞在淳安任上兩次上京，只用了路費銀四十八兩，其他一概裁革。作巡撫時，拒絕人家送禮，連多年老朋友送的人事也婉言謝絕。作了多年官，過的依然是窮書生的日子。在淳安，有一天買了兩斤肉，為他母親過生日，總督胡宗憲聽見了，大為驚奇，當作新聞告訴人。罷官到京聽調，穿的衣服單薄破爛，吏部的熟人勸他，才置了一件新官服。祖上留下十多畝田地，除了母親死時，朋友送一點錢添置一點墓田以外，沒有買過一畝地。買了一所房子，用銀一百二十兩，是歷年官俸的積餘。死前三天，兵部送來柴火銀子，一算多了七錢銀子，立刻退回去。死後，同官替他清點遺物，全部家財只有薪俸銀一百五十一兩（一說只有十多兩），綾、綢、絹各一匹，連喪事都是同官湊錢辦的，看見這種情景，人們都忍不住掉下眼淚。

海瑞一生積極反對貪污，反對奢侈，主張節儉，生活樸素，是言行一致的極少見的清官。他恨極了貪官污吏，認為這是人民遭受苦難的根源，要根絕貪污，非用重刑不可。相反，像過去那樣，准許貪污犯用錢贖罪，是解決不了問題的。建議恢復枉法贓滿八十貫（千）處絞的法律。還提到明朝初年，嚴懲貪污，把貪污犯剝皮的故事。這一來，貪官污吏恐慌了，着急了，生怕海瑞剝他們的皮，聯合起來，反對海瑞。

升任都察院右僉都御史以後，海瑞整頓紀綱，援引明太祖時的辦法，用板子打御史。貪污犯房寰怕海瑞揭發，彈劾海瑞，把海瑞罵得不像人，引起了三進士的抗議。攻擊的和為海瑞申雪的人吵開了，統治階級內部發生嚴重爭論，當國的宰相呢，依然是徐階的手法，兩面都不支持，也不得罪，不參加鬥爭，希望"調停"了事。最後，房寰的貪污事實被全盤揭露，遮蓋不得了，才把他免職，這已經是海瑞死後的事了。

明末人談遷記這場爭論說："時人大為瑞不平，房寰今傳三世而絕。"說房寰絕後是因為做了壞事。這雖然是迷信的說法，但是也可以看出當時和以後，有正義感的知識分子是同情海瑞，支持海瑞，歌頌海瑞的。

從當教官時不肯跪接御史時起，一直到建議嚴懲貪污，海瑞度過了他鬥爭的一生。

他反對鄉官、大地主的兼併；反對嚴嵩、鄢懋卿的敗壞國事，也反對徐階的"調停"、"圓融"；他反對嘉靖帝的昏庸，只求無望的長生，不理國家政事；也反對地方官的額外需索，增加人民痛苦；他反對奢侈浪費；反對鄉愿，總之，他反對壞人壞事。雖然他所處的是那樣一個時代，還是堅持自己的信念，不屈不撓地鬥爭到死。

當時人對他的看法，不是說他做的全不對，而是說過火了一些，做過頭了，偏了，矯枉過直了！他不同意，反而說就是要過火，就是要過直，不如此，風氣變不過來。在給人的信中說："矯枉過直，古今同之。不過直，不能矯其枉。然生之所矯者，未見其為過直也。"
而且："江南糧差之重，天下無有，古今無有。生至地方，始知富饒全是虛名，而苦楚特甚。其間可為百姓痛哭，可為百姓長太息者，難以一言盡也。"這種情況，光是要大地主退還一點非法侵佔的田地，又怎麼能說是過火，過直呢？應該說是不夠，而不是什麼過直。就當時當地的情況說，就當時苦楚特甚，可為痛哭，可為長太息的百姓說，過直應該是好得很，而不是糟得很。

當時農民暴動已經發生了。他把農民暴動的原因，明確指出是因為官壞："廣寇大都起於民窮，民窮之故多端，大抵官不得其人為第一之害。"慨歎地說："今人居官，且莫說大有手段，可為百姓興其利，除其弊。止是不染一分一文，禁左右人不得為害，便出時套中高人者矣。"把對官的要求降低到不求做好事，只要不做壞事，不貪污，也就難得了。又說："今人每謂做官自有套子，比做秀才不同，不可苦依死本。俗人俗見，謬妄之甚！區區惟願……執我經書死本，行己而已。如此不執，雖熟人情，老世故，百凡通融，失己失人，全無用處。"痛斥當時的社會風氣，在思想上進行堅決的鬥爭。

當然，光是執我經書死本，說往古，道先王，是解決不了當前的問題的。要求官吏不落時套，不做壞事，不貪污，不講人情世故，不百凡通融，而不從社會的根本變革出發，也是不可能成功的。同樣，不改變生產關係，簡單地要求大地主退還侵佔農民的部分田地，少剝削些，農民的苦楚減輕一些，無論事實上做不到，即使做到了，也還是封建的剝削的社會，地主和農民的關係依然不變，問題還是沒有解決，也是不可能解決的。在當時情況下，這是不可能解決的社會矛盾。海瑞雖然感覺到問題嚴重，必須堅決地和壞人壞事進行鬥爭，但是，他沒有也不可能從本質上認識和解決這個矛盾。這是時代的矛盾，也是海瑞被大地主階級的代表們所排擠、攻擊，而又取得另一部分地主階級同情、支持的道理。

海瑞是封建統治階級的左派，和右派及中間派進行了長期的鬥爭。儘管遭受多次失敗，有時候很憤慨，說出了"這等世界，做得成甚事業！"的氣話。但在閒居十六年以後，有重新作事業的機會，他又以頭童齒豁的高年參加了。不氣餒，不服老，不怕挫折，真是"錚錚一漢子"。

海瑞的歷史地位

海瑞在當時，是得到人民愛戴，為人民所歌頌的。

他反對貪污，反對奢侈浪費，主張節儉，搏擊豪強，卵翼窮民，主持清丈田畝，貫徹一條鞭法，裁革常例，興修水利，這些作為對農民，特別對貧農、中農是有利的，農民愛戴他，歌頌他是很自然的。

他對城市人民，主要是商戶，裁減里甲負擔，禁止無償供應物品等等，這些措施對減輕城市工商業者的負擔，是有好處的。城市人民愛戴他，歌頌他，也是很自然的。此外，他還注意刑獄，特別是人命案件，着重調查研究，在知縣和巡撫任上，都親自審案，處理了許多積案，昭雪了許多冤獄。對農民和地主打官司的案件，他是站在農民一邊的。海知縣、海都堂是當時被壓抑，被欺侮，被冤屈人們的救星。他得到廣大人民的稱譽、讚揚，被畫像禮拜，被謳歌傳頌，死後送喪的百里不絕。他的事跡，主要是審案方面的故事，一直到今天，還流傳在廣大人民中。儘管海瑞在他的時代，曾經遭受攻擊、排擠、辱罵，坐過牢，丟過官，但是，就封建統治階級內部來說，他也還是被一部分人所歌頌的、讚揚的。不只是有些青年人仰慕他，以為是當代偉人，連某些反對他的人，大地主階級的某些代表人物，如高拱、張居正、何良俊等人，都不能不對他說一些好話。死後，被諡為忠介，皇帝派官祭奠，祭文裏也說了一大堆讚揚肯定的話。當時的史家何喬遠、李贄都寫了歌頌他的傳記。清修《明史》也把他列入大傳，雖然說他行事不能無偏，有些過火，但又說他從作知縣一直到巡撫，作的事用意主於利民，也是肯定的。

海瑞在歷史上是有地位的。

這樣的歷史人物，從今天來說，建設社會主義的新時代，該不該肯定，該不該歌頌？

答案是應該肯定，應該歌頌。

評價歷史人物，應該從當時當地的情況出發，應該從這個人的作為是否有利於當時的人民、當時的生產出發。從以上的分析，從明朝嘉靖到萬曆初期這幾十年間，從當地，海瑞作過官的地區，江蘇、安徽、浙江、江西、福建，那時代那地區的人民，以至更廣大地區的人民，是愛戴、歌頌海瑞的。反對他的人也有，只是極少數的大地主大官僚。他的主張和措施，有利於當時人民，有利於當時生產，而不利於某些大地主的兼併，不利於某些大地主的逃避賦役，轉嫁給窮苦人民的惡劣勾當。

為廣大人民所愛戴、歌頌，為少數大地主大官僚所攻擊、反對，這樣的人物，難道還不應該為我們所肯定，所歌頌嗎？

我們肯定、歌頌他一生反對壞人壞事；肯定、歌頌他一生反對貪污，反對奢侈浪費，反對鄉願；我們肯定、歌頌他一生處處事事為百姓設想，為民謀利；我們肯定、歌頌他一生不向困難低頭，百屈不撓的鬥爭精神；我們肯定、歌頌他一生言行一致、裏外如一的實踐精神。這些品質，都是我們今天所需要學習和提倡的，而且只有社會主義時代，這些品質才能得到充分的發揚，雖然我們今天需要的海瑞和封建時代的海瑞在社會內容上有原則的不同。

在今天，建設社會主義社會的今天，我們需要站在人民立場、工人階級立場的海瑞，為建成社會主義社會而進行百折不撓鬥爭的海瑞，反對舊時代的鄉願和今天的官僚主義的海瑞，深入群眾、領導群眾、鼓足幹勁、力爭上游的海瑞。

這樣，封建時代的海瑞，還是值得我們今天學習的。

但是，決不能也不許可假冒海瑞，歪曲海瑞。海瑞是站在人民方面的，一生反對壞人壞事，從沒有反對過好人好事。即使在徐階和高拱的鬥爭中，他沒搞清楚，對徐階只看到好的一面，不知道他壞的一面，對高拱只知道他的缺點，沒有弄明白他的政治品質好的一面，作了錯誤的支持和抨擊。但是，幾年以後，弄清楚了，就自己檢查，承認了錯誤，並且在行動上改正了這個錯誤。

有些人自命海瑞，自封"反對派"，但是，他們同海瑞相反，不站在人民方面，不站在今天的人民事業 —— 社會主義事業方面，不去反對壞人壞事，卻專門反對好人好事，說這個搞早了、搞快了，那個搞糟了、過火了，這個過直了，那個弄偏了，這個有缺點，那個有毛病，太陽裏面找黑子，十個指頭裏專找那一個有點毛病的，盡量誇大，不及其餘，在人民群眾頭上潑冷水，泄人民群眾的氣。這樣的人，專門反對好人好事的人，反對人民事業的人，反對社會主義事業的人，不但和歷史上的海瑞毫無共同之點，而且恰好和當年海瑞所反對而又反對海瑞的大地主階級代表們的嘴臉一模一樣。廣大人民一定要把這種人揪出來，放在光天化日之下，大喝一聲，不許假冒！讓人民群眾看清他們的右傾機會主義的本來面目，根本不是什麼海瑞！

這樣看來，研究海瑞，學習海瑞，反對對於海瑞的歪曲，是有益處的、必要的，有現實意義的。

1959 年 9 月 17 日

本文原載 1959 年 9 月 21 日《人民日報》第 11 版，1960 年 6 月收入生活·讀書·新知三聯書店出版的《燈下集》。

百姓日常

勞動

勞動這一個詞始見於《三國志》，但原意是指的體育活動，和今天的生產性的工農業勞動是兩回事。

《三國志・魏志》二十九《華佗傳》：

華佗告訴廣陵人吳普說："人的身體應該勞動，但是不應該太過。身體活動了就容易消化，血脈流通，病不得生。門窗的樞，因為經常動，就不會朽，就是這個道理。

所以古時的仙人，講究導引，學熊引頸，學鴟搖頭，曲折腰體，動諸關節，以求難老。

我有一套運動辦法，叫作五禽之戲。一曰虎、二曰鹿、三曰熊、四曰猿、五曰鳥，每天操作，可以除病，輕便腳步，道理和導引一樣。身上不舒服時，起作一禽之戲，通身出汗，敷上爽身粉，身體輕便，胃口也好了。

吳普學了五禽之戲，活到九十多歲，還是耳目聰明，牙齒完整，很得好處。

導引大概就是作深呼吸，古代的仙人照文義看應該是有成就的運動員。華佗的理論完全符合今天的體育學說。要作體育活動，但又不要太過，是辯證的說法。經常作體育鍛煉，容易消化，血脈流通，從而增強體質，起了預防疾病的作用。由此看來，華佗不但是治病的內、外科傑出的醫生，並且是主張預防為主的進步的醫學家。特別值得注意，值得學習的是他的體育活動的理論，辯證的科學的體育學說。

勞動一詞也見於唐白居易的詩："勞動故人龐閣老，提魚攜酒遠相尋。"這裏的勞動有"有勞了"和感謝的意思。

現代語"勞動"一詞的語源，是外來語，是日本話。正如"改造"是日本話一樣。日本話叫工人作"勞働者"，譯作我國文字，把"働"字的人旁去掉了。通過我國工業的發展，工人階級隊伍的壯大，"勞動"這一個詞便具有新的內容，成為我們自己的辭彙了。

本文原載 1959 年 1 月 13 日《人民日報》第 8 版，署名"劉勉之"。1960 年 6 月收入生活·讀書·新知三聯書店出版的《燈下集》。

古人的坐、跪、拜

　　年輕時候看舊戲，老百姓見官得跪着，小官見大官得跪着，大官見皇帝也得跪着，跪之不足，有時還得拜上幾拜，心裏好生納罕，好像人們長着膝蓋就是為着跪、拜似的，為什麼會有這種禮節呢？

　　後來讀了些書，證明戲臺上的跪、拜，確是反映了古代人們的生活禮節。例如清末大學士瞿鴻禨的日記上，就記載着清朝的宰相們和皇帝、皇太后談話的時候，都一溜子跪在地上，他們大多數人都年紀大了，聽覺不好，跪在後邊的聽不清楚皇帝說的什麼，就只好推推前邊跪的人，問到底說的是什麼。有的筆記還記着這些年老的大官，怕跪久了支持不住，特地在褲子中間加襯一些東西，名為護膝。而且，不止是宮廷、官府如此，民間也是這樣的，如蔡邕《飲馬長城窟行》："長跪讀素書，書上竟何如？"古詩："上山采蘼蕪，下山逢故夫。長跪問故夫，新人復何如？"《後漢書·梁鴻傳》說，孟光嫁給梁鴻，帶了許多嫁妝，過門七天，梁鴻不跟她說話，孟光就跪在床下請罪。《孔雀東南飛》："府吏長跪答，伏維啟阿母。"可見婦女對男子、兒子對母親也是有長跪的禮節的。

　　這到底是什麼緣故呢？

　　原來古代人是席地而坐的，那時候沒有椅子、桌子之類的傢俱，不管人們在社會上地位的高低，都只能在地上鋪一條席子，坐在地上。例如漢文帝和賈誼談話，談到夜半，談得很投機，文帝不覺前席，坐得靠近賈誼一些，聽取他的意見。至於三國時代管寧和華歆因為志趣不同，割席的故事，更是盡人皆知，不必細說了。正因為人們日常生活、學習也罷，工作也罷，都是坐在地上的，所以跪、拜就成為表示禮節的方式了。宋朝朱熹對坐、跪、拜之間的關係，有很好的說明。他說：

古人坐着的時候，兩膝着地，腳掌朝上，身子坐在腳掌上，就像現在的胡跪。要和人打招呼 —— 肅拜，就拱兩手到地；頓首呢，是把頭頓於手上；稽首則不用手，而以頭着地，像現在的禮拜，這些禮節都是因為跪坐着而表示恭敬的。至於跪和坐又有小小不同處：跪是膝着地，伸腰及股；坐呢，膝着地，以臀着腳掌。跪有危義，坐則稍安。

從朱子這篇文章看來，宋朝人已經弄不清跪、坐、拜的由來了，所以朱熹得做這番考證。

有人不免提出疑問，人們都坐在地上，又怎麼能工作和吃飯呢？這也不必擔心，古人想出了辦法，製造了一種小案，放在席上，可用以寫字、吃飯。梁鴻和孟光夫妻相敬如賓，吃飯的時候，孟光一切準備好了，舉案齊眉。把案舉高到齊眉毛，這個案是很小很輕的，要不然，像今天一般桌子那樣大小，孟光就非是個大力士不可。

因為古代人們都是坐在地上的，所以就得講清潔衛生，要不然，一地的灰塵，成天坐着，弄得很髒，成何體統？

到了漢朝後期，北方少數民族的一種傢俱 —— 胡床，傳進來了，行軍時使用非常方便，曹操就曾坐在胡床上指揮作戰。後來從胡床一變而為家庭使用的椅子，椅子高了，就得有較高的桌子，從此人們就離開了席子，不再席地坐，改為坐椅子、凳子了。家庭也罷，機關也罷，內部的陳設也隨之而改變了。

人們的生活環境起了很大的變化，但是，根據席地而坐孳生的禮節，跪和拜卻仍舊習慣地繼承下來，坐和跪、拜分了家，以此，跪和拜也就失去了原來生活上的意義，單純地成為表示敬意和等級差別的禮節了。

由此看來，不是我們的祖先喜愛跪、拜，而是由生活方式、物質條件決定的。辛亥革命以後，不止革了皇帝的命，也革了跪、拜的命，不是很好的說明嗎？

本文原載 1962 年 8 月 5 日《人民日報》，1963 年 2 月收入北京出版社出版的《學習集》。《學習集》是吳晗自己編輯的第六本雜文集。

宋元以來老百姓的稱呼

舊戲上小生的道白，常有學名什麼，官名什麼，足見在封建社會裏學生上學起學名，一旦作了官又有官名。那末，沒上學，沒作官以前，平常老百姓叫什麼呢？戲文上凡是旅店裏的服務員，一律都叫作店小二。至於一般人，因為史書上很少記載老百姓的事情，多年來也只好闕疑了。

求之正史不得，只好讀雜書，讀了些年雜書，這個疑算是解決了。原來階級的烙印連老百姓起名字的權利也不曾放過，在古代封建社會裏，平民百姓沒有功名的，是既沒有學名，也沒有官名的。怎麼稱呼呢？用行輩或者父母年齡合算一個數目作為一個符號。何以見得？清俞樾《春在堂隨筆》卷五說：

> 徐誠庵見德清蔡氏家譜有前輩書小字一行云：元制庶人
> 無職者不許取名，而以行第及父母年齡合計為名，此於元
> 史無徵。然證以高皇帝（明太祖）所稱其兄之名，正是如
> 此，其為元時令甲無疑矣。現在紹興鄉間頗有以數目字為名
> 者，如夫年二十四，婦年二十二，合為四十六，生子即名
> 四六。夫年二十三，婦年二十二，合為四十五，生子或為
> 五九，五九四十五也。

俞樾又引申徐誠庵之說，指出明初常遇春的曾祖四三、祖重五、父六六。湯和曾祖五一、祖六一、父七一，亦以數目字為名。他又引宋洪邁《夷堅志》所載宋時雜事，有興國軍民熊二，鄱陽城民劉十二，南城田夫周三，鄱陽小民隗六，符離人從四，楚州山陽縣漁者尹二，解州安邑池西鄉民梁小二，臨川人董小七，徽州婺源民張四，黃州市民李十六，僕崔三，鄱陽鄉民鄭小五，金華孝順鎮農民陳二等等，根據這些例子分析，其一，這些人都是平常百姓，其二，地區包括現在的安徽、浙江、江西、山西、湖北等地，其三，稱呼都以排行數字計算，因此，下的結論是"疑宋時里巷細民，固無名也"。

其實，宋代平民姓名見於《清明集·戶婚門》的很多，如沈億六秀、徐宗五秀、金百二秀、黎六九秀之類。明太祖的父親叫五四，名世珍，二哥重六名興盛，三哥重七名興祖，明太祖原來也叫重八，名興宗，見潘檉章《國史考異》引承休端惠王《統宗繩蟄錄》，可見明太祖一家原來都以數字命名的。至於世珍興宗這一類學名、官名性質的名字，大概都是明太祖爬上統治階級以後所追起的。

明初安徽地區的平民如此，江蘇也是如此。例如張士誠原名九四，黃溥《閒中今古錄》說：有人告訴朱元璋，張士誠一輩子寵待文人，卻上了文人的當。他原名九四，作了王爺後，要起一個官名，有人替他起名士誠。朱元璋說："好啊，這名字不錯。"那人說："不然，上大當了。孟子上有：'士，誠小人也。'這句話也可以讀作：'士誠，小人也。'罵張士誠是小人，給人叫了半輩子小人，到死還不明白，真是可憐。"可見張士誠的名字也是後來起的。

不只是宋、元，明初以及清朝後期的紹興，甚至到清朝末年以至民國初年，紹興地方還保留着這個階級烙印的傳統，不信嗎？有魯迅先生的著作為證。他在《社戲》一文中所列舉的人名就有八公公、六一公公之類，在另一篇中還有九斤老太呢。

上面講到宋朝的人名下面有帶着秀字的，秀也是宋元以來的民間稱呼，是表示身份地位的。明初南京有沈萬三秀，是個大財主，讓明太祖看中了，被沒收家財，還充軍到雲南。秀之外又有郎，王應奎《柳南隨筆》卷五說："江陰湯廷尉《公餘日錄》云：明初閭里稱呼有二等，一曰秀，一曰郎。秀則故家右族，穎出之人，郎則微裔末流，群小之輩。稱秀則曰某幾秀，稱郎則曰某幾郎，人自分定，不相逾越。"可見從宋到明，官僚貴族子弟稱秀，市井平民則只能稱郎，是不能亂叫的。沈萬三稱秀是因為有錢。另一個例子，送墳地給朱元璋的那個劉大秀則是官僚子弟，光緒《鳳陽縣志》卷十二："劉繼祖父學老，仕元為總管。"繼祖排行第一，所以叫作大秀。

這樣，也就懂得戲文裏演的民間故事，男人叫作什麼郎的道理了。也就難怪賣油郎獨佔花魁這個故事，秦小官賣油，就叫作賣油郎的來由了。還有，明清兩代社會上有一句話"不郎不秀"，是罵人不成材，高不成低不就的意思，一直到現代，還有些地區保留這句話，卻很少人懂得原來的含意了。

從以上一些雜書，可以看出，宋元明以來的平民稱呼情況，這類稱呼算不算名字呢，不算。也有書可證。明太祖出家時得到過汪劉兩家人的幫助。作了皇帝後他封這兩家人作官，還送給這兩家青年時代的朋友兩個名字，《明太祖文集》卷五賜汪文、劉英敕："今汪姓、劉姓者見勤農於鄉里，其人尚未立名，特賜之以名曰文，曰英。"汪文、劉英的年齡假定和明太祖相去不遠，公元 1344 年約年十七八歲，那末，到洪武初年已經四十多歲了，還沒有名字。其道理是作了一輩子農民。可見他們原來的無論行輩或者合計父母年齡的數字符號都不能算名字，沒有上過學，沒有作過官，也就一輩子作個無名之人。這兩個人因為和皇帝有交情，作了署令史官，作官應該有官名，像個官樣子，聖旨賜名，才破例有了名字。

這也就難怪正史上從來不講這個事情的道理了。不但"元史無徵"，什麼史也是無徵的道理了。

本文原載 1959 年 2 月 27 日《人民日報》第 8 版，署名"劉勉之"。1960 年 6 月收入至生活・讀書・新知三聯書店出版的《燈下集》。

從襆頭說起

人們自從脫離了原始、野蠻狀態，物質生活不斷提高，有了文化以後，沒有例外，都要穿衣戴帽，這是常識，用不着多說的。但是，應該而且必須注意，隨着時代的改變，生活習慣的改變，封建等級制度的建立，人們的服裝是具有時代的特徵的，不同時代的人們有着不同的服裝，不同的民族也有不同的服裝，服裝是適應人們生活、工作的需要而不斷改變的。

演出古代歷史故事的話劇、電影，歷史博物館裏的歷史圖畫和歷史人物畫像，和以插圖為主的歷史連環畫，附有插圖的歷史小叢書以及古代人物的塑像，等等，都牽涉到古代人物的服裝問題，把時代界限混淆了，顛倒了，把不同歷史時期的服裝一般化了，都會使觀眾有不真實的感覺，效果是不會很好的。

京戲和崑劇的戲裝大體分成兩類，一類是清朝的，馬褂、補服，馬蹄袖，紅纓帽等等，表現了滿族服裝的特徵。除此以外，清朝以前的服裝則一概是漢人服裝，官員戴紗帽，穿紅、藍袍，寬衣大袖；農民則一般都是穿短衣服，戴笠，或小帽；武將戴盔紮靠，這是符合於一般情況的。問題是這種服裝把整個清朝以前的歷史時期一般化了，不管什麼時代的人物，都穿一樣的服裝。當然，觀眾也能夠理解，這兩個劇種的古代服裝只能一般化，假如要求他們按每個不同時代的歷史，分別製成不同時代的服裝，這是不可能的，不合實際的。但是，也還有一個界限，那便是滿漢的服裝不容混淆，假如讓漢、唐、宋、明的人物穿上清朝的服裝，那就會哄堂而散，唱不成戲。

話劇、電影等等對服裝的要求就要比京戲和昆劇嚴格些，因為話劇、電影並不像京劇、昆劇那樣有固定的服裝，而是隨故事需要特製的，既然是為了表現歷史真實性而特製，那就不可以一般化，或者顛倒時代了。至於歷史人物的圖畫、雕塑等等，根本無需製造服裝的費用，標準自然更應該嚴格一些了。

話劇、電影、歷史圖畫等等的歷史人物的服裝，必須能夠表現某個特定歷史時期的特徵，這個要求是合理的，不應該有不同意見的。但是，在具體工作中，由於對某個時代的了解不夠深，服裝的發展、變化缺少研究，也往往出現一些一般化以至顛倒時代的現象。

有關服裝的問題很多，不能都談，這裏只舉襆［pú］頭作例。

襆頭就是帕頭，古代漢人留着長頭髮，為着生活和工作的方便，用一塊黑紗或帛、羅、繒［zēng］等等裹住頭，不讓頭髮露在外面，正像現在河北農民用一塊白毛巾包頭一樣，是上上下下都通行的一種生活習慣。也叫做巾或幅巾或折上巾的。裹頭時裹得方方正正，四面有角。到南北朝時，周武帝為了便於打仗，把裹頭的方法改進了，用皂紗全幅，向後束髮，把紗的四角裁直，叫做襆頭。看來有點像現在京戲裏太平軍的裝束。

唐太宗製進德冠，賜給貴臣，並且說：襆頭起於周武帝，是為了軍中生活的方便的。現在天下太平，用不着打仗了，這個帽子有古代風格，也有點像襆頭，可以常用。可是進德冠似乎並不受歡迎，當時人還是用襆頭，大臣馬周還加以改革，用羅代絹，式樣也有所改變，百官和庶民都喜歡戴它。武則天時賜給臣下巾子，叫作"武家樣"，又有高頭巾子。唐玄宗時有"內樣巾子"。裴冕自製巾子，名為"僕射巾"。這些襆頭都是軟的，太監魚朝恩作觀軍容使，嫌軟的不方便，斫木作一山（架）子在前襯起，叫作"軍容頭"，一時人都學他的樣子。

襆頭四角有腳，兩腳向前，兩腳向後。唐朝中期以後，皇帝們弄兩根鐵線，把前兩腳拉平，稍向上曲，成為硬腳，從此，這種樣式的襆頭，就成為皇帝的專用品，一般官員和平民都不許服用了。宋朝朱熹所見唐玄宗畫像，戴的襆頭兩腳還很短，後來便越來越長了。唐朝末年，在農民大起義的鬥爭浪潮中，宦官宮娥來不及每天對鏡裝裹，想出簡便的法子，用薄木片作架子，紙絹作襯裏，作成固定的襆頭，隨時可以戴上。五代時帝王多用"朝天襆頭"，兩腳上翹。各地方軍閥稱王稱帝的也多自創格式，有的兩腳翹上又反折於下，有的作成團扇、蕉葉模樣，合抱於前。蜀孟昶改用漆紗，湖南馬希範的襆頭兩腳左右長一丈多，叫作龍角，劉知遠作軍官時，襆頭腳左右長一尺多，一字橫直，不再上翹，以後的襆頭，就以此為規格，變化不大了。

襆頭唐末用木胎，到宋朝改用藤織草巾子為裏，用紗蒙上，再塗以漆。後來把藤裏去了，只用漆紗，用鐵平施兩腳，便越發輕便了。據沈括的紀錄，當時襆頭分直腳、局腳、交腳、朝天、順風五種，其中直腳（也叫平腳）一種是貴賤通用的。襆頭的腳不管平、交，都是向前的，到北宋末年，又改而向後。到明朝初年，襆頭有展腳（即平腳）、交腳兩種，成為官員公服所必需的一項東西了。

襆頭的出現，是由於現實生活的需要。宋儒胡寅敘述襆頭的歷史意義說：從周武帝開始用紗襆，成為後代巾、幘、朝冠的起源。古代賓禮、祭禮、喪禮、燕會、行軍所戴的帽子各有不同，紗襆一出來，這些帽子便都廢了。從用紗到加漆，兩帶上結，兩帶後垂，後來又把垂的兩帶左右橫豎，頂則起後平前，變化越來越多了。朱熹也曾和他的學生討論過襆頭的歷史發展，並說漆紗是宋仁宗時候開始的。明李時珍則以為襆頭是朝服（官員的制服），周武帝始用漆紗製造，到唐朝改成紗帽，一直沿用到明朝。他把襆頭和紗帽看成一樣東西，從圖書集成的插畫襆頭公服、展腳襆頭、交腳襆頭、烏紗帽對比看來，確是一個系統，李時珍的話是可信的。

襆頭的歷史發展，從北周到明這一長時間的歷史時期，變化是很多的。假如不問青紅皂白，顛倒前後，讓南北朝以前，周秦兩漢魏晉的人們戴上平腳襆頭，能夠不說是歷史錯誤嗎？或者把唐代後期帝王專用的直腳上翹的襆頭，混淆為官僚庶民通用，那也是不可以的。

無論歷史戲劇、圖畫、雕塑，當然，最主要的是內容要反映歷史時期的真實性，但形式也不可以不講究，因為內容儘管符合於客觀歷史實際，但是形式的表現卻是虛構的，以後擬前的、一般化的、違背歷史實際的，就會收到不好的效果，這一點我看戲劇家們、藝術家們、雕塑家們是必須注意的。

關於古代服裝的記載是很多的，留傳到今天的古代的人物畫、壁畫、墓葬壁畫、磚畫也很不少。組織人力，從事於古代服裝發展、變化的研究，進一步建立服裝博物館，用穿着各個歷史時期不同的服裝的蠟人表演歷史故事，對廣大人民進行歷史教育；為歷史話劇、歷史電影、歷史圖畫的創作提供參考資料，也為吸取古代優美的文化傳統，改進、美化今天人民的服裝，提供歷史基礎，我看是值得做的一件好事。

本文原載 1962 年 1 月 21 日《人民日報》第 5 版，1963 年 2 月收入北京出版社出版的《學習集》。

古代的服裝及其他

在封建社會裏，也和今天一樣，人人都要穿衣裳。但是，有一點不同，衣裳的質料、顏色、花飾有極大講究，不能隨便穿，違反了制度，就會殺頭，甚至一家子都得陪着死。原來那時候，衣裳也是表示階級身份的。

以質料而論，綢、緞、錦、繡、綃、綺等等都是統治階級專用的，平民百姓只能穿布衣。以此，布衣就成為平民百姓的代名詞了，有些朝代還特地規定，做買賣的有錢人，即使買得起，也禁止着用這些材料。

以顏色而論，大紅、鵝黃、紫、綠等染料國內產量少，得從南洋等地進口，價格很貴。數量少，價錢貴，色彩好看，這樣，連色彩也被統治階級專利了。皇帝穿黃袍，最高級的官員穿大紅、大紫，以下的官員穿綠，皂隸穿黑。至於平民百姓，就只好穿白了，以此，"白衣"也成為平民百姓的代名詞。

至於花飾，在袍子上刺繡或者織成龍、鳳、獅子、麒麟、蟒、仙鶴、各種各樣的鳥等等，也是按貴族、官僚的地位和等級分別規定的。平民百姓連繡一條小蟲兒小魚兒也不行，更不用說描龍畫鳳了。

不但如此，在統治階級內部，也有極大講究，例如龍袍，只有皇帝才能穿，繡着鳳的服裝，只有皇后才配穿，即便是最大的官僚如穿這樣的服裝，就犯"僭用"、"大逆不道"的罪惡，非死不可。北宋時有一個大官僚，很能辦事，也得到皇帝信任。有一次多喝了一點酒，不檢點穿件黃衣服，被人看見告發，幾乎闖了大禍。明太祖殺了很多功臣，其中有幾個戰功很大的，被處死的罪狀之一是僭用龍鳳服飾。

本來，貴族、官僚和平民都一樣長着眼睛鼻子，一樣黃臉皮，黑頭髮，一眼看去，如何能分出貴賤來？唯一區別的辦法是用衣裳的質料、色彩、花飾，構成等級地位的標識，特別是花飾，官員一般在官服的前胸繡上動物圖案，文官用鳥，武官用獸，其中又按品級分別規定那一級用什麼鳥什麼獸，是一點也不能含糊的。這樣，不用看面貌，一看衣裳的顏色和花飾就知道是什麼地位的貴族，什麼等級的官員了。

當然，襯配着衣裳的還有帽子、靴子，例如皇帝的平天冠，皇后和貴族婦女的鳳冠，官員的紗帽、朝靴，以及身上佩帶的紫金魚袋或者帽上的翎毛，坐的車飾，轎子的裝飾和抬轎的人數，和住的房子的高度，間數多少，用什麼瓦之類等等。在北京，許多舊建築，主要是故宮，不是都蓋的是黃琉璃瓦嗎？這種房子只有皇帝才能住，再不，就是死去的皇帝，例如帝王廟。神佛也被優待，像北海的天王殿也用琉璃瓦，不過是雜色的。

為了確保專用的權利，歷代史書上都有輿服志這一類的專門紀錄，在法律上也有專門的條款。各個階級的人們規定穿用不同的服裝，住不同的房子，使用不同的交通工具，絕對不許亂用。遵守規定的叫合於禮制，反之就是犯法。合於禮制的意思，就是維護封建秩序。但是，也有例外，例如在統治階級控制力量削弱的時候，富商大賈突破規定，亂穿衣裳，模仿宮廷和官僚家庭打扮，或者索性拿錢買官爵，穿着品官服裝，招搖過市。至於農民起義戰爭暴發後，起義的人們根本不管這一套，愛穿什麼就穿什麼，那就更不用說了。

今天這些都已經成為歷史上的陳跡了。宮殿、王府、大官僚的邸第還可以看到，只是已經變了性質，例如故宮和天王殿都成為博物館，帝王廟辦了中學，成為人民大眾遊覽和學習的場所了。至於服裝，除了在博物館可以看到一些以外，人們還可在舞臺上看到。

本文原載 1959 年 6 月 5 日《人民日報》第 8 版，1960 年 6 月收入生活‧讀書‧新知三聯書店出版的《燈下集》。

庶民服飾

在過去，雖然有貴賤尊卑的等差，雖然有貴族庶民的分別，生存的機會倒還算平等，皇帝得活，老百姓也得活。而且，統治者們縱然昏庸腐爛到了極點，至少還剩一點小聰明，他們的生活是建築在對老百姓的剝削上，"留得青山在，不怕沒柴燒"，慢慢地一滴滴地享用，打個長遠算盤，竭澤而漁，殺雞求卵，取快一時，遺臭百世的短命辦法，他們是不願而且也不敢採取的。因此，歷代以來的重農政策，歷代以來的救荒賑災政策，以及士大夫不許與民爭利的法令，小恩小惠，以及治河渠，修水利，貸種子，撫流民種種治國鴻猷，多多少少為老百姓保障一點生存的權利。

剝削老百姓有個分寸，是漢唐宋明所以歷年數百的主因。末葉的不肖子孫，剝溜了手，分寸也忘了。官逼民反，是漢唐宋明以及其他朝代之所以崩潰覆滅的原因。

因為有個分寸，老百姓還剩得點飯吃，他們以無比的勤勞刻苦，披星戴月，胼手胝足，少有點積蓄，也就不免潤屋潤身，裝點一下。然而，這一來，又不免使統治者頭痛了，他們以為章服居室輿從是所以別貴賤，限尊卑的，一切中看中吃中用的東西都應該為貴者尊者所專利，老百姓發了跡，居然也要鬧排場，"唯名與器，不可以假人"，孔子尚在惜簪纓，自命為尊奉孔子道統的君王巨卿，又豈敢不誠惶誠恐的遵守，自絕於名教！以此，歷代史乘上不許老百姓這樣，不許老百姓那樣的法令也就層出不窮了。試舉一例，《明太祖實錄》卷五十五：

> 洪武三年（1370）八月庚申，省部定議，職官自一品至九品，房舍車輿器用衣服各有等差。庶民房舍不過三間，不得用斗拱彩色。其男女衣服並不得用金繡錦綺絲綾羅，止用綢絹素紗。首飾釧鐲不得用金玉珠翠，止用銀，靴不得裁製花樣，金線裝飾，違者罪之。

卷七十三：

> 洪武五年三月乙卯，詔庶民婦女袍衫，止以紫綠桃紅及諸淺淡顏色，其大紅鴉青黃色，悉禁勿用，帶以藍絹布為之。

六百年後的今天，貴賤尊卑的等差固然被革命革除，可是，附帶的最低的一點老百姓生存的權利也跟着革掉了，跟着買辦資本、官僚資本、地主和軍閥資本的發展，社會上顯然只剩兩個集團，一個有錢有勢的，一個無錢無勢的。靠着戰爭的賜予，有的愈有，無的愈無，一面是朱門酒肉臭，一面是路有凍死骨，一面逃囤資金於國外，一面是肘穿踵露，兒女啼飢號寒，一面是荒淫無恥，一面是流徙四方。不但金繡錦綺絲綾羅，被有的集團所專利，就連綢絹素紗也被囤積了，不但金玉珠翠，被有的集團所專利，連銀子也運到外國去了，老百姓所剩下的惟一財產是一條不值半文錢的命。

錢的有無和多少決定了新的社會階層，造成對立的兩個階級，也決定了道德名譽人品以至一切的一切。

"法令滋彰，盜賊多有"，在當前的新趨勢、新社會風氣之下，像明太祖所頒發的這一類法令，看來真是多事。

政簡刑清，國以大治！

本文為《史話》之八，收入 1946 年 5 月生活書店（北平）出版的《歷史的鏡子》。

南人與北人

　　在新式的交通工具沒有輸入中國以前，高山和大川把中國分成若干自然區域，每一區域因地理上的限制和歷史上的關係，自然地形成它的特殊色彩，保有它的方言和習慣。除開少數的商旅和仕宦以外，大部分人都窒處鄉里，和外界不相往來。經過長期的歷史上的年代，各地的地方色彩愈加濃厚，排他性因之愈強，不肯輕易接受新的事物。《漢書·地理志》記：秦民有先王遺風，好稼穡，務本業。巴蜀民食稻魚，無凶年憂，俗不愁苦，而輕易淫佚，柔弱偏阨。周人巧偽趨利，貴財賤義，高富下貧，喜為商賈，不好仕宦。燕俗愚悍少慮，輕薄無威，亦有所長，敢於急人。吳民好用劍，輕死易發。鄭土陿而險，山居谷汲，男女亟聚會，其俗淫。……是說明地方性的好例。

　　到統一以後，各地政治上的界限雖已廢除，但其特性仍因其特殊的地理環境而被保留。雖然中間曾經過若干次的流徙和婚姻的結合，使不同地域的人有混合同化的機會，但這也只限於鄰近的區域，對較遠的和極遠的仍是處於截然不同的社會生活。例如吳越相鄰，這兩地的方言、習慣，及日常生活、文化水準便相去不遠，比較地能互相了解。但如秦越則處於"風馬牛不相及"的地位，雖然是同文同族，卻各有不同的方言，不同的習慣，不同的日常生活，差別極遠。以此，在地理上比較接近的區域便自然地發生聯繫，自成一組，在發生戰事或其他問題時，同區域的人和同組的人便一致起而和他區他組對抗。在和平時，也常常因權利的爭奪發揮排他性，排斥他區他組的人物。這種情形從政治史上去觀察，可以得到許多極好的例證。

依着自然的河流，區分中國為南北二部，南人北人的名詞因此也常被政治家所提出。過去歷史上的執政者大抵多起自北方，因之政權就常在北人手中，南人常被排斥。例如《南史·張緒傳》：

> 齊高帝欲用張緒為僕射，以問王儉。儉曰：緒少有佳譽，誠美選矣。南士由來少居此職。褚彥回曰：儉少年或未諳耳。江左用陸玩顧和，皆南人也。儉曰：晉氏衰政，未可為則。

同書《沈文季傳》：

> 宋武帝謂文季曰：南士無僕射，多歷年所。文季曰：南風不競，非復一日。

可見即使是在南朝，"南士"也少居要路，東晉用南人執政，至被譏為衰政。

北宋初期至約定不用南人為相，釋文瑩《道山清話》：

> 太祖常有言不用南人為相，國史皆載，陶谷《開基萬年錄》、《開寶史譜》皆言之甚詳，云太祖親寫南人不得坐吾此

堂，刻石政事堂上。

《通鑑》亦記：

> 宋真宗久欲相王欽若。王旦曰：臣見祖宗朝未嘗有南人當國者。雖古稱立賢無方，然須賢士乃可。臣為宰相，不敢阻抑人，此亦公議也。乃止欽若入相。欽若語人曰：為子明遲我十年作宰相。

當國大臣亦故意排斥南人，不令得志，《江鄰幾雜志》記：

> 寇萊公性自矜，惡南人輕巧。蕭貫當作狀元，萊公進曰：南方下國，不宜冠多士，遂用蔡齊。出院顧同列曰：又與中原奪得一狀元。

《宋史·晏殊傳》：

> 晏殊字同叔，撫州臨川人，七歲能屬文。景德初張知白安撫江南，以神童薦之。帝召殊與進士千餘人並試廷中，殊神氣不懾，援筆立成。帝嘉賞，賜同進士出身。宰相寇準曰：殊江外人。帝顧曰：張九齡非江外人耶？

蒙古人入主中國後，南人仍因歷史的關係而被擯斥。《元史·程鉅夫傳》：

至元二十四年（1287）立尚書省，詔以為參知政事，鉅夫固辭。又命為御史中丞，臺臣言鉅夫南人，且年少。帝大怒曰：汝未用南人，何以知南人不可用。自今省部臺院必參用南人。

雖經世祖特令進用南人，可是仍不能打破這根深蒂固的南北之見，南人仍被輕視，為北人所嫉忌。同書《陳孚傳》：

至元三十年（1293）陳孚使安南還，帝方欲實之要地，而廷臣以孚南人，且尚氣，頗嫉忌之。遂除建德路總管府治中。

《元明善傳》說得更是明白：

明善與虞集初相得甚懽。後至京師，乃復不能相下。董士選屬明善曰：復初（明善）與伯生（集）他日必皆光顯，然恐不免為人構間。復初中原人也，仕必當道。伯生南人也，將為復初摧折。今為我飲此酒，慎勿如是。

南人至被稱為"臘雞"，葉子奇《草木子》說：

南人在都求仕者，北人目為臘雞，至以相詈詬，蓋臘雞為南方饋北人之物也，故云。

到明起於江南，將相均江淮子弟，南人得勢。幾個有見識的君主卻又矯枉過正，深恐南人懷私擯斥北士，特別建立一種南北均等的考試制度。在此制度未創設以前，且曾發生因南北之見而引起的科場大案。《明史‧選舉志》記：

> 初制禮闈取士不分南北。自洪武，丁丑考官劉三吾、白信蹈所取宋琮等五十二人皆南士。三月廷試擢陳𫖮為第一，帝怒所取之偏，命侍讀張信十二人覆按，𫖮亦與焉。帝怒猶不已，悉誅信蹈及陳𫖮等，戍三吾於邊。親自閱卷，取任伯安等六十一人。六月復廷試，以韓克忠為第一，皆北士也。

洪熙元年，仁宗命楊士奇等定取士之額，南人十六，北人十四。宣德正統間分為南北中卷，以百人為率，則南取五十五名，北取三十五名，中取十名。南卷為應天及蘇松諸府，浙江江西福建湖廣廣東。北卷順天山東山西河南陝西。中卷四川廣西雲南貴州及鳳陽廬州二府滁徐和三州。成化二十二年，四川人萬安、周弘謨當國，曾減南北各二名以益於中。至弘治二年仍復舊制。到正德初年，劉瑾（陝西人）、焦芳（河南人）用事，增鄉試額，陝西為百人，河南為九十五，山東西均九十。又以會試分南北中卷為不均，增四川額十名併入南卷，其餘併入北卷，南北均取百五十名。瑾、芳敗，又復舊制。天順四年又令不用南人為庶吉士，《可齋雜記》說：

天順庚辰春廷試進士第一甲，得王璦等三人。後數日上
召李賢諭曰：永榮宣德中咸教養待用，今科進士中可選人物
正當者二十餘人為庶吉士，止選北方人，不用南人。南方若
有似彭時者方選取。賢出以語時，時疑賢欲抑南人進北人，
故為此語，因應之曰：立賢無方，何分南北。賢曰：果上意
也，奈何！已而內官牛玉復傳上命如前，令內閣會吏部同
選。時對玉曰：南方士人豈獨時比，優於時者亦甚多也。玉
笑曰：且選來看。是日賢與三人同詣吏部，選得十五人，南
方止三人，而江南惟張元禎得與云。

但在實際上，仍不能免除南北之見，例如《朝野記略》所記一事：

　　正德戊辰，康對山海（陝西人）同考會試，場中擬高陵
呂仲木柟為第一，而主者置之第六。海忿，言於朝曰：仲木
天下士也，場中文卷無可與並者；今乃以南北之私，忘天下
之公，蔽賢之罪，誰則當之。會試若能屈矣，能屈其廷試
乎？時內閣王濟之（鏊，震澤人）為主考，甚怨海焉。及廷
試，呂果第一人，又甚服之。

到末年吳楚浙宣昆諸黨更因地立黨，互相攻擊排斥，此伏彼起，
一直鬧到亡國。
　　在異族割據下或統治下，征服者和被征服者的關係愈形尖銳化。

如南北朝時代"索虜"、"島夷"之互相蔑視，元代蒙古、色目、漢人、南人之社會階級差異，清代前期之滿漢關係及漢人之被虐待、殘殺、壓迫。在這情形下，漢族又被看做一個整體 —— 南人。在這整體之下的北人和南人卻並不因整個民族之受壓迫而停止帶有歷史性的歧視和互相排斥，結果是徒然分化了自己的力量，延長和擴大征服者的統治權力。這在上舉元代的幾個例證中已經說明了這個具體的事實了。

也許在近百年史中最值得紀念的大事，是新式的交通工具及方法之輸入。它使高山大川失卻其神秘性，縮短了距離和時間，無形中使幾千年來的南北之見自然消除，建設了一個新的統一的民族。

本文原載《禹貢》第五卷第一期，1936 年。

主奴之間

（一）

　　奴才有許多等級，有一等奴才，有二等奴才，也有奴才的奴才，甚至有奴才的奴才的奴才。

　　我們的人民，自來是被看做最純良的奴才的，"不可使知之"，是一貫的對付奴才的辦法，就是"民為邦本，本固邦寧"，和"民為貴，社稷次之，君為輕"一套話，雖然曾被主張中國式的民主的學者們，解釋為民主、民權，以至民本等等，其實拆穿了，正是一等或二等奴才替主人效忠，要吃蛋當心不要餓瘦，或者殺死了母雞，高抬貴手，留得青山在，不怕沒柴燒，圖一個長久享用的毒辣主意。證據是"有勞心，有勞力，勞心者食於人，勞力者食人"。老百姓應該養貴族，沒有老百姓，貴族哪得飯吃！

　　老百姓是該貢獻一切，餵飽主人的，其他的一切，根本無權過問，要不然，就是大逆不道。六百年前一位爽直的典型的主子，流氓頭兒朱元璋曾毫不粉飾地說出這樣的話，《明太祖實錄》卷一百五十：

> 洪武十五年（1382）十一月丁卯，上命戶都榜諭兩浙江西之民曰：為吾民者當知其分。田賦力役出以供上者，乃

其分也。能安其分，則保父母妻子，家昌身裕，為仁義忠孝之民，刑罰何由及哉！近來兩浙江西之民多好爭訟，不遵法度，有田而不輸租，有丁而不應役，累其身以及有司，其愚亦甚矣！曷不觀中原之民，奉法守分，不妄興詞訟，不代人陳訴，惟知應役輸租，無煩官府，是以上下相安，風俗淳美，共用太平之福，以此較彼，善惡昭然。今特諭爾等，宜速改過從善，為吾良民，苟或不悛，則不但國法不容，天道亦不容矣！

"分"譯成現代語，就是義務，納稅、力役是人民的義務，能盡義務的是忠孝仁義之民。要不，刑罰一大套，你試試看，再不，你不怕國法總得怕天，連天地也不容，可見義務之不可不盡。至於義務以外的什麼，現代人所常提的什麼民權、政治上的平等、經濟上的平等，等等，不但主子沒有提，連想也沒有想到。朱元璋這一副嘴臉，被這番話活靈活現地畫出來了。

朱元璋為什麼單指兩浙江西的人民說，明白得很，這是全國的穀倉，人口也最稠密。拿這個比那個，也還是指桑罵槐的老辦法。其實，中原之民也不見得比東南更奴化，不過為了對襯，這麼說說而已。

（二）

在古代，主子和奴才的等級很多，舉例說，周王是主子，諸侯是奴才。就諸侯說，諸侯是主子，卿大夫又是他的奴才。就卿大夫說，卿大夫是主子，他的家臣是奴才。就家臣說，家臣是主子，家臣的家臣又是奴才。就整個上層的統治者說，對庶民全是主人，庶民是奴才，庶民之下，也還有大量的連形式上都是奴才的奴隸。

主奴之間的體系是剝削關係，一層吃一層，也就是一層養一層，等到奴才有了自覺，我憑什麼要白養他，一層不肯養一層，愈下層的人愈多，正如金字塔一樣，下面的礎石不肯替上層駝起，嘩啦一下，上層組織整個垮下來，歷史也就走進一個新階段了。

這時期主奴關係的特徵，除了有該盡義務的庶民和奴隸以外，上層的主子（除王以外，同時又是奴才），全有土地的基礎，大小雖不等，卻都有世世繼承的權利。跟着土地繼承下來的是政治，社會上法律上的特殊的固定的地位。因之，所謂主奴只是相對的區分，都是土地領主，主子是大領主，奴才是小領主，也就是世僕。一層層互為君臣，構成一個剝削系統。

維護這個剝削系統的理論，叫做忠。一層服從一層，奴才應該養主子。在這系統將要垮的時候，又提出正名 —— 君君臣臣父父子子，主子永遠是主子，奴才永遠是奴才。又提出尊王，最上層的主子被尊重了，下幾層的主子自然也會同樣被尊重，他們的利益就全得到保障。用現代話說，也就是維持階級制度，維持舊時的剝削系統。

在這系統下，互為主奴的領主，在利害上是一致的，因之，主奴的形式的對立就不十分顯明。而且，這金字塔式的系統，愈下層基礎就愈寬，人數愈多，力量愈大，因之，在政治上，很容易走上君不君臣不臣，諸侯和王對立，卿大夫和諸侯對立，家臣和卿大夫對立的局面。

假如我們拋開後代所形成的君臣的觀念，純粹從經濟基礎來看上古時代的剝削系統，可以下這樣一個結論，就是那時代的主奴關係，是若干小領主和大領主的關係，大小雖然不同，在領主的地位上說是一樣的。而且，因為分割的緣故，名義上最大的領主，事實上反而佔有土地最少。因之，他所繼承的最高地位只是一個權力的象徵，徒擁虛器。實權完全在他的奴才，分取他的土地的卿大夫手上、家臣手上。因之，主奴又易位了，奴才當家，挾天子以令諸侯，陪臣執國政，名義上的奴才是實質上的主人。

出主入奴，亦主亦奴，是主而奴，是奴而主，奴主之間，怕連他們自己也鬧不十分清楚。

本文為《史話》之十七、十八，收入 1946 年 5 月生活書店（北平）出版的《歷史的鏡子》。

木棉的廣泛種植和傳入朝鮮

　　封建社會裏的平民百姓叫布衣，或者白衣。因為平民百姓只許穿布衣服、白衣服的緣故。有的時代，商人也只能穿白色的衣服。例如三國時呂蒙襲擊關羽，把兵士喬裝穿白衣服為商人偷渡，關羽沒有覺察，以致突然被襲，全軍崩潰。在明代以前，布衣指的是麻布的衣服。所以有一種看相的書就叫作麻衣相法。在此以後，棉布逐漸推廣了，布衣指的是棉布了。

　　棉布傳入中國很早，南北朝時從南洋等地輸入，叫作吉貝，也叫白疊。國內西北高昌（今新疆吐魯番）也產棉花，出的氎布，就是白疊。宋元間已有許多地區種棉，如福建、廣東、浙東、江東、江西、湖廣等地，其中著名的種棉地區是廣東的瓊州。十三世紀中期，詩人描寫長江流域紡績情況說："車轉輕雷秋紡雪，弓彎半月夜彈雲。"末期松江烏泥涇人黃道婆從瓊州帶回黎族人民的先進紡績工具和技術，教會家鄉婦女。當地人民生活提高，靠紡績生活的有一千多家。詩人歌詠："烏涇婦女攻紡績，木棉布經三百尺。"松江從此成為明代出產棉布的中心。明太祖起事以後，就大力推廣植棉，要每戶農民必須種木棉半畝，田多的加倍。棉花的普遍種植和紡織技術的不斷提高，使棉布產量日益增加，成為人民普遍穿用的服裝原料了。

　　在同一時期，木棉又從中國傳到朝鮮。朝鮮《李朝太祖康獻大王實錄》有這樣的記載：公元 1363 年（元順帝至正二十三年）高麗使臣的書狀官文益漸奉使元朝。回來的時候，看見路邊有木棉，就摘了十幾顆棉桃，裝在口袋裏。第二年回到家鄉晉州，送一半給同鄉鄭天益試種，結果只有一顆成活，到秋天收得一百多顆棉桃。以後年年加種，到 1367 年天益把棉種分給鄉里農民，勸他們種植。至於益漸自己種的倒都不大結棉桃了。有一天胡僧弘願到天益家，看到木棉，高興得哭了，說：“想不到今天，又看到本土的東西。”天益留他住下，請教繰織的方法，弘願詳細說明，還替作了工具。天益立刻叫家裏人織成一匹，鄰里都學會了，教會了一鄉。不到十年工夫，又教會了一國。文益漸死於 1398 年，年七十歲。由於他帶進棉種有功，1375年作了典儀注簿的官，一直做到左司議大夫。死後還追贈為江城君。1401 年朝鮮參贊權近又向國王說：“故諫議大夫文益漸，初入江南，帶回木棉種子，送於晉陽村舍，開始織木棉布，以此木棉是由晉陽開頭的，從晉陽又傳到全國，使得人民上下都能穿到棉衣，都是益漸的功勞。現在他死了，有個兒子還在晉陽，應該照顧，由政府敘用。”（《朝鮮李朝太宗恭定大王實錄》）

由此可見木棉是由文益漸於 1363 年傳入朝鮮的，1364 年在晉州試種，1377 年左右推廣到全國。至於紡績技術和工具則是胡僧弘願的傳授。這個人相當於松江的黃道婆。至於棉桃的取得地點，權近說是江南，《太祖實錄》則說是在元朝取得的，當時元朝的首都大都，即現在的北京。從那時大都附近取得棉桃，和歷史實際情況是不符合的。據 1363 年的局面，朱元璋在南京，張士誠在蘇州，方國珍在浙江。張士誠和方國珍都受元朝官號。鄭麟趾的《高麗史》記高麗恭湣王時，朱元璋、張士誠和方國珍都曾多次和高麗通使。兩書互證，可以肯定，文益漸取得棉桃的地點是在江南，也就是蘇松一帶。《太祖實錄》所說的元朝，應是受元朝的官號的張士誠，兩者的說法是並不矛盾的。《高麗史》恭湣王世家：癸卯十二年（1363）夏四月壬子，張士誠遣使賀平"紅賊"，獻綵緞及羊、孔雀。很可能，文益漸是這次張士誠遣使的報聘使節。

至於《明實錄》和《李朝實錄》記載的木棉，事實上應該是草棉。因為木棉傳入較早，草棉較後，習慣上還是把草棉叫作木棉，這種例子歷史上是很多的。

本文原載 1959 年 6 月 10 日《人民日報》第 8 版，署名"劉勉之"。1960 年 6 月收入生活·讀書·新知三聯書店出版的《燈下集》。

古代的農書 ——《齊民要術》

《齊民要術》是我國現存的最古的最完整的農書。

作者是後魏高陽太守賈思勰。這人的家世行事，《四庫全書總目》說是"不詳其人始末"。據吳承仕先生《經籍舊音敘錄》說，排比《齊民要術》書裏面所提到的有關史實，作者是東魏北齊間人，著書於武定天保之際（543—559）。假定這書最晚完成於公元 559 年的話，到今年恰好是一千四百年。

書分十卷，共九十二篇。從《耕田》第一到《胡麻》第十三，都是講五穀的。從《種瓜》第十四到《種苜蓿》第二十九，都是講種菜蔬的。《雜說》第三十講農業經營。從《園籬》第三十一到《種茱萸》第四十四，是講種果蓏的。從《種桑柘》第四十五到《伐木》第五十五，是講蠶織樹藝和染料作物的。從《養牛馬驢騾》第五十六到《養魚》第六十一，是講畜牧的。《貨殖》第六十二是講利用農業品經營商業的。《塗甕》第六十三，是講容器的。從《造神麴並酒》第六十四到《作豉法》第七十二是講釀造的，包括酒、醬、醋、豉。從《八和韲》第七十三到《作菹藏生菜》第八十八，是講食品的加工保存和烹調方法的。《餳餔》第八十九講澱粉加工的食品。《煮膠》第九十講製膠，《筆墨》第九十一。最後一部分九十二《五穀果蓏菜茹非中國物產者》，是講南方的物產的。

作者從農業、林業、畜牧、養魚、造酒等生產技術和加工利用、食品的烹調作料和方法、主食作法等各個方面，都作了總結性的敘述。當時南北分裂，作者是北方人，從以洛陽為中心的黃河流域地區的農業生產情況出發，總結了這一地區的勞動人民的優良經驗，和參照過去歷史上的許多有關農業生產的著作如《氾勝之書》，崔寔《四民月令》，《雜五行占候》，《食經》等已經失傳的、或者少見書寫成這部書。方面很廣，涉及的問題很多，從農民的生產實踐中總結出發展和提高生產的技術和理論，在農業科學上有極大的貢獻。從印刷術發明以後，公元 1020 年宋朝政府刊印了這部書，發給各地方主管農業生產的勸農使者。但是數量很少，一般人看不到，老百姓只好抄錄其中主要部分，摹印流傳。南宋初《齊民要術》多行於東州，東州士夫有以《要術》中種植畜養之法，為一時美談。1144 年在安徽舒城重刻。1542 年在湖南重刻。明清兩代所刻的許多叢書，都把這書收入，《四部備要》和《萬有文庫》也收了這部書，流傳就更廣了。

　　歷代的農學家也很重視這部書，如元朝政府編的《農桑輯要》，王禎的《農書》，明徐光啟的《農政全書》和清朝的《授時通考》都引用了這書的主要部分。

　　作者自序說：“今採捃經傳，爰及歌謠，詢之老成，驗之行事，起自耕農，終於醯醢，資生之業，靡不畢書。”他繼承了古代文獻所載的優良經驗，採集了群眾口頭保存的經驗，訪問了有經驗的老農，還在實際生產中作了考核，從書本知識到調查研究，從理論到實踐，兩者並舉。這書之所以被後人所重視，不是沒有道理的。

因為作者是北方人，了解北方的農業生產情況。但在南北分裂對峙的情況下，他沒有機會觀察南方農業生產的情形，因此，書中有關南方的某些紀錄，只是得之文獻紀錄和傳聞，不完全切合實際。相反，適用於黃河流域的農業生產經驗，對南方地區來說，卻是具有極重要的參考價值的，但其中有些經驗由於土壤、氣候、肥料、習慣的不同，是不能夠照樣採用的。

也正因為作者科學地紀錄了、總結了黃河流域的農業生產經驗，從我國整個生產發展的歷史來說，從這部書中可以看出六世紀時北方地區農業生產的面貌，各種農作物的栽培方法，如保墒、冬灌、深耕、選種、肥料、防蟲、收穫、貯藏，和蔬菜的套作、鮮藏、醬藏、乾藏、作菹等方法，果樹的培育和果品的儲藏和加工，伐木後的防腐防蟲方法，特別是蠶桑，對桑、柘的栽培經營，到養蠶收繭的一切技術，都有專門的記載。此外，從書中所記的當時人民的主食品和副食品的類別，也可以比較地了解當時上層社會的生活情況。

這部書因為文字比較古奧，有些當時常用的字，現在已經不用了；有些帶有地方性的生產工具的名詞，現在已經改變了，很不容易讀。比較容易讀通的方法是參看後來的農學著作，如上面所說，有許多農學著作曾經引用了《齊民要術》的一部分，並和當時生產情況作了對比，或者加以註解，這樣，從後人的相同著作的鑽研了解，再回過頭來讀賈思勰的書，困難便可以少一些了。關於名詞的部分，元王禎《農書》卷七到十四的農器圖譜，有說明，有圖。用來和《齊民要術》對照，絕大部分六世紀時的農具就都可以識別清楚了。

本文原載 1959 年 4 月 9 日《人民日報》第 8 版，署名"劉勉之"。1960 年 6 月收入生活·讀書·新知三聯書店出版的《燈下集》。

《農桑輯要》

《農桑輯要》七卷，元司農司撰。有元至元癸酉（1273）翰林學士王磐序。這一年是宋度宗咸淳九年，這年二月，宋將呂文煥以襄陽叛降於元。到至元十三年（1276）元兵入臨安，十六年（1279）陸秀夫、張世傑死，宋亡。這書的編成在元統一南宋之前七年，但是書裏所講的農作物，已經包括了過去北方的農學家所講不清楚的南方作物了。

元世祖於至元七年（1270）設司農司，這個機關專管農桑水利，分別派遣勸農官，巡行郡邑，察舉農事成否，把情況通知戶部，據以考核地方官的治績。據王磐序說，從司農司成立以後，專門勸課農桑，行之五六年，功效大著，民間墾闢種藝之業，增前數倍，成績很大。司農司的官員看到農民雖然有實際生產經驗，但是"播殖之宜，蠶繰之節"也許不很得法，"力勞而功寡，獲約而不豐"，就遍求古今所有農家的書，披閱參考，刪其繁重，撮其切要，編為《農桑輯要》。這是一部總結十三世紀以前農業經驗的書，也是傳播南北各地農業經驗的書。

這書在當時很被重視。在至元時代刊行以後，仁宗延佑元年（1314）又特命刊板於江浙行省，以後英宗、明宗、文宗都一再申命頒佈。至順三年（1332）還印行了一萬部。現在的通行本是清乾隆三十八年（1773）四庫館臣從《永樂大典》輯出來的。紀昀的案語：
"觀其博採經史及諸子雜家，益以試驗之法，考核詳贍，而一一切於
實用，當時絕貴重之，不虛也。"評價也很高。

　　七卷的內容是典訓、耕墾、播種、栽桑、養蠶、瓜菜、果實、竹
木、藥草、孳畜。其中栽桑、養蠶，各佔一卷，所以書名就叫作《農
桑輯要》。引用的書主要的是《齊民要術》，以及《氾勝之書》、崔
寔《月令》等。《齊民要術》已經引用過的書以外，新加的主要有《士
農必用》、《務本新書》、《歲時廣記》、《四時類要》、《圖經》、《韓
氏直說》、《博聞錄》、《種蒔直說》、《蠶桑直說》、《蠶經》等書。
內容和《齊民要術》相比，除桑、蠶增加了大量材料以外，新添的有
栽種苧麻法，栽木棉法，論苧麻木棉、西瓜，種蘿葡、菠薐、萵苣、
同蒿、人莧、藕蓮、銀杏、橙、橘、楂子、漆、皂莢、楝、椿、葦、
蒲、梔子、茶、薯蕷、枸杞、菊花、蒼朮、黃精、百合、牛蒡子、決
明、甘蔗、薏苡、藤花、薄荷、罌粟、養蜂等等。其中如木棉、茶、
甘蔗，《齊民要術》雖然有了記載，但是很簡略，因為賈思勰不了解
南方情況，這些作物沒有看到過，更談不上種植經驗，只能憑傳聞和
記載，當然不可能說得很具體。《農桑輯要》便不同了，具體地談到
棉花的下種，澆水，打心，摘棉，去子，拈棉，茶的收種子，肥料，
下種，收茶時節，甘蔗的下種，澆水和收割，窖藏以及煎熬之法等
等。把這兩部書比較細讀，很可以看出我國農業作物的品種發展，技
術提高的歷史過程。

《農桑輯要》是一部切於實用的書，不止在當時和以後的時代起了有益的作用，連鄰近的國家也受到影響，朝鮮就是一個例子。

　　朝鮮養蠶的方法是從中國傳去的，《李朝太宗實錄》記公元 1417 年京畿採訪判官權棗進黃真絲與繭。以前藝文館大提學李行於《農桑輯要》內抽出養蠶方，自為經驗，所收倍常，把方子刊板行世。後來朝鮮政府怕民間不懂華語，又命議政府舍人郭存中將本國俚語逐節夾註，刻板廣佈。如收穀種法，《李朝世宗實錄》記公元 1422 年 8 月，右議政李原、參贊許稠等啟，《農桑輯要》收穀種法，有陳大小二麥。又老農云，嘗種陳二年麥，結實與新麥種無異。民未必曉此，今年二麥種乏，令各官廩有陳麥者悉給為種。種蕎麥法，同年五月，令戶曹行移各道，蕎麥耕種，考《農桑輯要》、《四時纂要》及本國經驗方，趁時勸種。如種水稻，公元 1438 年令諸道監司，依《農桑輯要》所示，勸民早種，毋致失時，又如種植紅花，《李朝世祖實錄》記，公元 1462 年下令各道觀察使說："紅花春夏皆可種。我國人但知春種而不知夏種。今抄《農桑輯要》種紅花法送之，宜曉諭民間，使知兩種之利。"

本文原載 1959 年 7 月 6 日《人民日報》第 8 版，署名"劉勉之"。1960 年 6 月收入生活·讀書·新知三聯書店出版的《燈下集》。

路引

明有路引之制，軍民往來必憑路引，違者關津擒拿，按律論罪，定制極為嚴密。

《弘治會典》一一三："凡軍民人等往來，但出百里者即驗文引。凡軍民無文引及內官內使來歷不明，有藏匿寺觀者必須擒拿送官。仍許諸人首告，得實者賞，縱容者同罪。"又："凡天下要衝去處，設立巡檢司，專一盤詰往來奸細及販賣私鹽犯人逃軍逃囚無引面生可疑之人，須要常加提督。"

明《太祖實錄》八十三："洪武六年六月癸卯，常州府呂城巡檢司盤獲民無路引者送法司論罪。問之，其人以祖母病篤遠出求醫急，故無驗。上聞之曰：此人情可矜，勿罪釋之。"祝允明《前聞記》："洪武中，朝旨開燕脂河，大起工役，先曾祖煥文與焉。時役者多死，先曾祖獨生全。工滿將辭歸，偶失去路引，分該死，莫為謀。其督工百戶謂之曰：主上神聖，吾當引汝面奏，脫有生理。先曾祖從之。既見上，百戶奏其故。上曰：既失去，罷。（遂得無事）"。由此知鄉民出百里外即須路引，以工赴役往來亦須路引，失引罪至死。至商賈遠出經營，更非有路引不可。

明《英宗實錄》四十四："正統三年七月甲申，湖廣襄陽府宣城縣知縣廖仕奏：諸處商賈給引來縣生理，因見地廣，遂留戀不歸，甚至娶妻生子，結黨為非。竊恐天下地廣人稀之所似此不少，宜加禁防。事下行在戶部，以為宜督責歸家。其有願佔籍於所寓以供租賦者聽。從之。"此則以路引僅為通過關津及證明身份之用，如流寓不歸，則在所寓地為客戶，不供租賦，在原籍則又為逃戶，逃避租賦。路引非居留證，政府自不能不加以干涉也。

據陸楫《蒹葭堂雜著》："宗人有欲商賈四方以自給者，亦聽從有司關給路引以行。回籍之日，付本府長史司驗引發落。有司附冊填註，以憑撫按刷卷類查，仍啟王知，許其朝見而退，以篤親親之義。"比附以論，則平民在出里門日，須請發路引於地方有司，回籍日，必須繳還原發機關可知也。此制可以防奸細，利一；禁賊盜，利二；阻逃軍，利三；清戶口，利四。前代制度之精密如此！

本文原載《文史雜誌》第二卷第一期，1942 年 1 月。

刺配

　　《水滸傳》裏梁山泊頭領宋江、林沖、武松等都被宋朝政府處過刺配的刑罰，捆脊杖二十或四十，刺配二三千里外牢城。連原來押解林沖去滄州的差人董超、薛霸，因為路上沒有能夠害死林沖，回開封後也被高俅尋事刺配大名府。《水滸傳》第八回說："原來宋時，但是犯人，徒流遷徙的，都臉上刺字。怕人恨怪，只喚做打金印。"一個人犯了法（或被誣陷以法），既要捆打，又要流配，還要在臉上刺字，正是"一人之身，一事之犯，而兼受三刑"[1]。三種刑罰連在一起用，在宋以前是沒有的。

　　古時刑法大致分為死、流、徒、杖、笞五等。

　　馬端臨《文獻通考》卷一百六十八說："流配，舊制止於遠徙，不刺面。晉天福中始創刺面之法，逐為戢奸重典。宋因其法。"原來宋代把犯人臉上刺字這種法律是從石敬瑭的晉朝繼承而來的。

　　刺面有大刺、小刺之別。凡是審判官認為犯罪情節嚴重、犯人"性情兇惡"的，就把字體特別刺大些。所刺文字，除《水滸》所說"迭配某州（府）牢城"以外，也有把所犯事由，所配地名、軍名、服役名色都刺在臉上的。如刺"配某州（府）屯駐軍重役"，是發往該處屯駐部隊裏服勞役的；刺"龍騎指揮"或"龍猛指揮"，是發到那種番號的軍隊中當兵的；刺"某州某縣錢監"，是發到該處鑄錢工廠裏當苦工的。南宋時還有一種更野蠻的規定，凡犯強盜罪免死流配的，"額上刺強盜二字，餘字分刺兩臉"[2]。

受到刺配刑罰的人，到配所後還得服勞役。勞役的名色很多。凡是官營工業（如煮鹽，造酒、醋、燒窯，開礦，修造軍械等）、交通運輸業以及修城修河堤等，都發流配人去做苦工。也有當廂軍（主要也是勞役）當水軍的。（宋朝的兵都由招募而來，經檢驗合格後，也要刺面。）所以宋江、武松、楊志都被人罵為"賊配軍"。

刺配這條法律，在宋朝統治的三百年間是愈來愈重的。有關刺配的法令，宋真宗祥符（1008－1016）編敕止有四十六條，到宋仁宗慶曆（1041－1048）時增至一百七十餘條，到南宋孝宗淳熙十一年（1184）已達五百七十條之多。刺配的範圍越來越廣，除了像宋江、武松那樣要刺配以外，法律規定犯竊盜罪一貫以上，販私鹽一斤以上的都要杖脊刺配。佃戶在地主池塘裏捕了一斤半魚，或者看見別人販私鹽不告發，也要脊杖刺面，還從福建押送開封判罪[3]。反之，法律又規定地主對佃戶犯罪，減凡人一等。地主打死佃戶，不刺面，止配鄰州近地[4]。

刺配的法律，遼、金、元、明、清都有。只是內容規定不盡相同[5]。

宋朝這條脊杖，刺面的法律，從宋神宗熙寧二年（1069）以後，對"命官"就不適用了。"命官"貪贓枉法，止於流配，不杖脊，不刺面。據說理由是"古者刑不上大夫"。"今刑為徒隸，恐污辱衣冠耳。"[6]這樣，適用的範圍就止限於污辱和鎮壓人民，特別是冒犯地主階級利益的佃農和飢寒交迫的窮人了。

本文原載 1959 年 5 月 14 日《人民日報》第 8 版，署名"劉勉之"。1960 年 6 月收入生活·讀書·新知三聯書店出版的《燈下集》。

註　釋

1　丘浚：《大學衍義補》。

2　《宋會要》一六八《刑法》四。

3　《通考》卷一六八。

4　《通考》卷一六七。

5　《續文獻通考》卷一三五、一三七，清朝《續文獻通考》卷二四四。

6　《通考》卷一六七。

度牒

《水滸傳》第四回寫魯達三拳打死了鎮關西以後，從渭州（今甘肅平涼）逃到代州雁門縣（今山西雁門），因為官府畫影圖形，到處張貼榜文，緝捕很急，只好在五臺山出家當了和尚，起個法名叫魯智深。從此，寺院裏多了一個和尚，在俗世卻少一個犯罪逃亡的軍官，打死鎮關西這一案子由於無處追查，便此了結。

在魯達出家之前，趙員外對他說："已買下一道五花度牒在此。"照常理說，度牒是出家人的身份證，應該由替他剃度的寺院填給，怎麼魯達在沒有出家之前，趙員外的家裏就買了一道度牒呢？而且度牒既是出家人的身份證，又怎麼可以買賣呢？賣主又是誰呢？

原來在宋朝，度牒是可以買賣的，賣主是宋朝中央政府。公元1067 年宋朝政府開始出賣度牒，一直賣到宋亡。在這兩百年中，賣度牒所得的錢在政府收入中佔有重要地位。一道度牒的價格因時因地不等，如宋神宗時官價每道賣錢一百三十千，但在夔州路則賣到三百千，廣西路則賣到六百五十千[1]。當時中原一帶米價每斗不過七、八十文至一百文[2]。每道度牒折合米約在一百三、四十石以上。南宋時每道度牒賣錢一百二十貫至八百貫或折米一百五十石至三百石[3]。度牒這樣貴，什麼人才能買得起？當然只有財主趙員外那樣的人了。

買了度牒，只能出家當和尚，當道士，有什麼好處？花這麼多錢出家，說明當時的老百姓，以至部分地主，不如當和尚、道士好。老百姓不必說了，宋代人民負擔特別重，和尚道士吃十方，寺院有田產，當了和尚、道士就不必服兵役、勞役，不出身丁錢米和其他苛捐雜稅，逃避了政府的剝削，吃一碗現成飯，成為不勞而食的合法的遊民。地主呢？雖然對農民來說，他是剝削者，很神氣。但在地主階級內部來說，也有矛盾。因為地主也有官民之分，地主而又作了官的就有權有勢，是官戶。至於非官戶的地主，為了保全身家財產，得想盡一切辦法巴成官戶，要子弟讀書中進士作官，如不行，也得出錢買官告，成為名義上的官戶，當時官告也可以用錢買，但比度牒更貴，再不，就買張度牒也好。因為寺院田產是可以免租賦的[4]。

此外，還有許多好處，如和尚、道士在法律上受優待，宋代法律：「僧尼道士女冠，文武官七品以下者，有罪許減贖。」[5]如果犯了殺人大罪，出家便是逃避法律制裁的有效手段。古時候還不會照相，一般人都留長頭髮，緝拿榜文上只能說這人臉黃臉黑，有鬚無鬚，像魯達那樣的軍官，剃了頭髮、鬍子，改穿袈裟，離開了本鄉本土，外地生人便很難辨認出來了。又如同書武松在鴛鴦樓殺了十五條人命，在十字坡菜園子張青家得了一張年齡像貌相當的度牒，便剪了頭髮，披在臉上遮蓋刺的金印，裝作行者模樣，一路上二龍山去落草。雖然到處張掛榜文要逮捕他，可是「武松已自做了行者，於路卻沒人盤詰他」。可見度牒對殺人犯罪來說是很頂事的。正因為如此，宋朝政府就大賣度牒，成為生財之道。不但出賣，有時候還要強迫攤派呢。

北宋的度牒是雕板用黃紙印的。到南宋建炎三年（1129）才改用綾絹織造，織造的機關是少府監文思院，和織造官告同一個地方。

《水滸傳》所說的五花度牒，實際上是南宋的事。從買度牒這一件事來說，《水滸傳》是真實地反映了宋代的歷史事實的。

本文原載 1959 年 5 月 27 日《人民日報》第 8 版，署名"劉勉之"。1960 年 6 月收入生活・讀書・新知三聯書店出版的《燈下集》。

註　釋

1　《宋會要》稿六七、一四〇。

2　李燾：《續資治通鑒長編》二五一、二五二，《宋會要》稿一二二。

3　《宋會要》稿六二、九六，朱熹：《朱文公集》一六。

4　趙翼：《廿二史箚記》一九，俞正燮：《癸巳稿》一三。

5　《續資治通鑒長編》九七。

當鋪

　　當鋪唐、宋時名長生庫，僧徒坐擁田園，收入至厚，設庫質錢，獨規厚利。陸游《老學庵筆記》八："今僧寺作庫質錢取利，謂之長生庫，至為鄙惡。予按梁甄彬嘗以束苧就長沙寺庫質錢，後贖苧還，於苧束中得金五兩還之。則此事亦已久矣。"

　　至元名解庫或典庫、質庫，仍為僧寺道觀所經營。至大二年（1309）山西平遙清虛觀聖旨碑："但屬宮觀的莊田水土園林碾磨解典庫店倉鋪席浴堂船隻竹葦醋麵貨，不揀甚麼差發休要者，不揀是誰倚氣力者，不揀甚麼他每的休奪要者"，是其一證也。《元史·文宗紀》："至順元年正月乙亥，賜燕鐵本兒質庫。"《元典章》二十七，《戶部》十三有"解典"條，二十九《禮部》二有"軍官解典牌面"條。《通制條格》二十七載有解庫保護令："至元十六年六月，中書省欽奉聖旨，石招討奏：亡宋時民戶大本有錢，官司聽從開解。自歸附之後，有勢之家方敢開解庫，無勢之家，不敢開庫，蓋因懼怕官司科擾致阻民家生理。乞行下諸路省會居民，從便生理，仍禁戢錄事司不得妄行生事，敷斂民戶。縱有誤典賊贓，只宜取索，卻不可以此為由收拾致罪。"則在南宋後期已有民戶大家開設解庫規利者矣。

　　至明則且由政府規定當鋪事例，全國各都會均有當鋪，有山陝幫，有徽幫，以徽幫之勢力為最大，其營業亦最發達。明艾南英《天備子集》六壬申（明思宗崇禎五年，公元 1632 年）流賊退至吉安永豐上蔡太尊論戰守事宜書："當鋪事例自南北兩直隸至十三省，凡開當鋪，例從撫按告給牒文，自認周年取息二分，以二十四月為期，不贖則毀賣原所當物，遇近例各縣有當鋪，遼餉則依法輸納，此天下通例也。獨撫州當鋪不然，其害民甚於流賊，撫州當鋪，其受當也，首飾衣物直一金者止當五錢，滿十月不贖，則即取當物毀賣，是以十月而發合倍之息矣。其依期取贖者按月三分入息，其放也每一金輕三四分，其取也每一金昂三四分。其收以晦日即以晦日為一月，其收以朔日即以朔日為一月。其書質券也，雖重錦例書破舊，雖赤金例書低淡，即於書券之時預伏將來毀賣，以杜其人告官之端。計一歲中當鋪四五家，巧取城中民財不下三四千金，所以民間愈損。此風起於近五六年，不過二三市井之徒和集富民，朋收倍息，而時以酒食與鄉紳子侄往來，為護身之符。為今之計，莫若以遼餉為重，限四門黨約於半年內召請徽商，於郡開設，請牒撫按照依直省通例，小民自趨輕息，而兼併之家自不能行。"

本文原載《文史雜誌》第二卷第二期，1942 年 12 月。

元代的民間海外貿易

元末南京有名的大財主沈萬三秀,民間故事相傳他家有聚寶盆,要什麼寶貝就有什麼。據《吳江縣志》,原來沈萬三是作海外貿易的,這一行當時叫作通番。縣志說:

> 沈萬三秀有宅在吳江二十九都周莊,富甲天下,相傳由通番而得。張士誠據吳時,沈萬三已死,二子茂、旺密由海道運米至燕京。

張士誠被朱元璋所滅,朱元璋深恨當地的地主富豪支持張吳抵抗,把他們都強迫搬到南京。黃暐《蓬窗類記》說:沈萬三原來叫沈富,排行第三,吳人都稱他作沈萬三秀,是元末江南第一富家。明太祖定都南京以後,要沈家每年獻白金千錠(錠五十兩)、黃金百斤。用兵時的甲馬錢糧,也要他家供給。抄家時有田幾千頃,每畝定賦九斗三升,江蘇田賦之重是由他家開始的。另外一些記載還記有明太祖強迫沈家修南京城牆的故事。

十四世紀時,東南沿海的民間海外貿易很發達,除沈萬三家以外,陶宗儀《輟耕錄》裏提到杭州人張存,公元 1336 年到泉州,作海舶買賣發財,1342 年回到杭州,說曾在海外得到一塊聖鐵(卷二十三)。和嘉定州大場沈家,因下番作買賣成巨富(卷二十七)。

宋濂《翰苑續集》四記福州海賈林家駕着大舶，往來海外諸國，舶上張列旗幟和金鼓，經常戒備着，以防海盜搶劫。南海麥全等十一人以私賣外國貨坐牢。再前些時候，《元史·盧世榮傳》記公元 1285 年決定在泉州、杭州市舶都轉運司，由官家造船給本，招商人出海販運，得利官有其七，商有其三，嚴禁私自泛海。1314 年鐵木迭兒建議，過去富民到外國商販，大賺其錢，出國的人越來越多。中國商品價格低，外國貨越來越貴。應該由國家統一管理，責成江浙右丞專管，發船十綱，招商給予證明文件，由官收稅，私販的貨物充公。

《元文類》卷四有舶上謠三首：

> 朱（清）張（瑄）死去十年過，海寇雕零海賈多，南風六月到岸酒，花股篙丁奈樂何。

> 琉球真臘接闍婆，日本辰韓滅貊倭，番船去時遺矴石，年年到處海無波。

> 薰陸胡椒膃肭臍，明珠象齒駭雞犀，世間莫作珍奇看，解使英雄價盡低。

所到的國家有琉球、柬埔寨、印尼、日本、朝鮮等國，販運的商品有香料、藥材和珍珠、象牙、犀角等等。

由此看來，蘇州沈萬三這一家之所以發財，是由於作海外貿易，所以得罪被遷到南京和後來的抄家，是因為支持張士誠和元朝，大體上是可信的。

　　正因為十四世紀已經有了頻繁的民間對外貿易，沿海人民具備了航海的知識技能和通商的經驗的積累，這樣，就為十五世紀上半期的鄭和七下西洋，那樣規模巨大的商船隊打下了基礎。

本文原載 1959 年 2 月 1 日《人民日報》第 8 版，署名"劉勉之"。1960 年 6 月收入生活·讀書·新知三聯書店出版的《燈下集》。

古人讀書不易

古代人讀書很不容易，因為在印刷術和紙沒有發明之前，一般人是讀不起書的。書很貴重，得用手抄寫在竹簡或者木牘上。一片竹簡、木牘寫不了多少字，幾部書裝滿了好幾車子。有人說："學富五車"，說是念的書超過五部車子裝的簡牘，其實用今天的眼光看，五個車子的書並不怎麼多。孔子念書很用功，"韋編三絕"，韋是皮帶子，竹簡、木牘用皮帶子掛起來，才不至於亂。這種書是用繩子編起來的，所以叫做"編"。讀得多了，把皮帶都翻斷了三次，是形容他老人家非常用功，對一部書反覆閱讀，熟讀精讀的意思。一句話，這樣貴重的書，普通人是讀不起的。後來人們把書寫到帛上，捲成一卷的，一部書又分作若干卷。帛也很貴，只有有錢人才抄得起。到了紙發明了，雖然便宜些，但是還得手抄，抄一部書很費事，抄很多部書就更麻煩了，一般人還是抄不起。用紙寫的書，可以裝訂成冊，冊是象形文字。所以書又有"冊"的名稱。有了書，還得有人教，古代學校很少，只有貴族官僚子弟才能上學。雖然有些私人講學的，但也交學費，交不起的人還是上不了學。因為書貴，書少，一個學校的學生就不可能人人有書，只能憑老師口授，自己筆記。這樣，學習的時間就要長一些，靠勞動才能生活的人們，讀書便更不容易了。

總之，由於物質條件的限制，古代人讀書，尤其要讀很多書是困難的。也正因為這樣，讀書也有階級的限制，官僚子弟讀書容易，平民子弟讀書困難，知識被壟斷了，士排列在農、工、商之前，就是這個道理。

到印刷術發明以後，書籍成為商品，可以在書店裏買到了，但是，還是有限制，窮人買不起書，更買不起很多書。窮人要讀書，得想法借，得自己抄，這是很困難。例如十四世紀時，書已經成萬部地印出，各大城市都有書肆，但是窮人要讀書，還是非常艱苦。明初有名的學者宋濂，寫了一篇《送東陽馬生序》，談他自己讀書的艱苦情況說：

"我小的時候，就喜歡研究學問，家裏窮，弄不到書，只好到有書的人家借，親自抄寫，約定日子還。大冷天，硯都結冰了，手指凍得彎不過來，還是趕着抄，抄完了送回去，不敢錯過日子。因為這樣，人家才肯借書給我，也才能讀很多書。

"到成年了，越發想多讀書，可是沒有好老師，只好趕到百多里外，找有名望的老先生請教，弓着身子，側着耳朵，聽他教誨。碰到他發脾氣，我越發恭謹，不敢說一句話，等他高興了，又再請教。我雖然聽得不很明白，但到底還是學了一些知識。

"當我去求師的時候，背着行李，走過深山巨谷。冬天大風大雪，雪深到幾尺，腳皮都裂了也不知道。到了客棧，四肢都凍僵了，人家給喝熱水，蓋了被子，半天才暖和過來。一天吃兩頓，穿件破棉袍，從不羨慕別人吃得好，穿得好，也從不覺得自己寒傖。因為求得知識是最快樂的事情，別的便不理會了。"

　　宋濂是在這樣艱苦的情況下，經過努力，攀登學問的高峰的。他在文章的後面，勸告當時的學生說：

　　"你們現在在太學上學，國家供給伙食、衣服，不必捱餓受凍了。在大房子裏念書，用不着奔走求師了。有司業、博士教你們，不會有問了不答、求而不理的事情了。要讀的書都有了，不必像我那樣向人借來抄寫。有這樣的條件，還學不好，要不是天資差，就是不像我那樣專心、用功。這樣好條件，還學不好，是說不過去的。"

　　這一段話，我讀了很動心。今天，我們學習的條件，比宋濂所勸告的那些學生的時代，不知道要好多少倍，要是不努力，學不好，我看，也是說不過去的。

本文收入 1960 年 6 月生活‧讀書‧新知三聯書店出版的《燈下集》。

□ 印 務：林佳年

□ 排 版：時 潔

□ 裝幀設計：胡春輝

□ 責任編輯：熊玉霜

聽吳晗講古

英雄豪傑、升斗小民共對的大時代與小日子

□
著者
吳　晗

□
出版
中華書局（香港）有限公司
香港北角英皇道 499 號北角工業大廈一樓 B
電話：(852) 2137 2338　傳真：(852) 2713 8202
電子郵件：info@chunghwabook.com.hk
網址：http://www.chunghwabook.com.hk

□
發行
香港聯合書刊物流有限公司
香港新界大埔汀麗路 36 號
中華商務印刷大廈 3 字樓
電話：(852) 2150 2100　傳真：(852) 2407 3062
電子郵件：info@suplogistics.com.hk

□
印刷
美雅印刷製本有限公司
香港觀塘榮業街 6 號 海濱工業大廈 4 樓 A 室

□
版次
2017 年 4 月初版
© 2017 中華書局（香港）有限公司

□
規格
32 開（195 mm×140 mm）

□
ISBN：978-988-8463-40-4